おいしくて
栄養バランスがよくて
節約もできる

ひとりの暮らし

自炊の本

検見﨑聡美

主婦の友社

はじめてのひとり暮らしで
ごはんを作り始めるあなたへ。

新生活。楽しさあり、不安もあり、

ワクワクドキドキしているのではないでしょうか。

おうちで料理をしていても、していなくても、

何を用意したらいいかわからない、という人が多いかもしれません。

そんな、はじめて自炊を始めるあなたを、この本はサポートします。

外食も楽しいけれど、栄養の面でも、お金の面でも、

これからは自分で作ることが大切です。

料理を始めるにあたって最低限必要な道具や調味料、

調理に必要な知識もまとめていますから（1章）、すぐ始められます。

一人分だから、少ない種類の材料でムダなく、簡単にパパッと作れる時短ごはんがいい。

でも、栄養のバランスもとれる……そんなレシピを集めました。

パスタやめん、どんぶりなどのワンプレートごはん（2章）、たんぱく質食材の肉やとうふと野菜を合わせたメインおかず（3章）、野菜がたっぷりとれるサブおかずやスープ（4章）など、疲れた日、時間がないときでも苦にならないレシピがいっぱい。

少し料理に慣れてきたら、メインおかずとサブおかずの2品で献立を立ててみたり（5章）、友達をよんでおうちパーティーを楽しんだり（6章）、料理のステップアップもいっしょに応援します。

料理ビギナーさんでも、ズボラさんでも、不器用さんでも、おいしくできる全108品、どんどんチャレンジしてみてください。

2 はじめてのひとり暮らしでごはんを作り始めるあなたへ

PART. 1

作る前に読んでおこう！
はじめての料理入門ガイド

そろえよう1 **10** ひとり暮らしごはんの基本道具

そろえよう2 **14** 味の決め手！ 基本の調味料

そろえよう3 **16** 時短に役立つ！ 便利なおすすめ食材

やってみよう1 **18** 計量スプーン＆カップの正しいはかり方

やってみよう2 **20** いろいろな方法をマスター！ 包丁の切り方と名称

覚えよう1 **24** 最後までおいしく食べきる！ 食材の正しい保存テク

覚えよう2 **26** 加熱上手は料理上手！ 「火かげん」「加熱かげん」の基本

覚えよう3 **28** レシピでもう迷わない！ 基本の料理用語

30 この本のレシピの見方

PART. 2 すぐ食べたいときの1品満足レシピ

パスタで
32 ツナとレタスのクリームパスタ
34 キャベツとアンチョビーのパスタ
36 ソーセージとアスパラのパスタ
37 ナポリタン

和のめんで
38 煮込みうどん
39 卵とじにゅうめん

中華めんで
40 ピーマンと牛肉の焼きそば
41 ジャージャーめん

ごはんで
42 さばとごぼうの柳川丼
44 親子丼
45 牛丼

46 刺し身づけのっけ丼
47 キムチと豚肉のぞうすい
48 さつまいもときのこのリゾット
49 チキンの豆乳リゾット
50 はるさめいための中華風まぜごはん
51 きのこの炊き込みごはん

COLUMN 1
忙しい日もばっちり！
そうざい＋αで バランス時短ごはん！

コロッケで！
52 コロッケのまぜごはん

とんカツで！
53 とんカツのトマト煮

かき揚げで！
54 かき揚げの焼きそば

ギョーザで！
55 ギョーザと白菜のスープ

煮豆で！
56 うずら豆のドライカレー

PART.

3

肉・とうふのメインおかず

58 チキンと野菜のハーブ蒸し
60 豚肉、キャベツ、ねぎのみそいため
62 ひと口チキンソテーマヨソース
64 豚薄切り肉のトマトカレー
66 クリームシチュー
68 ソーセージと大切り野菜のポトフ
70 厚揚げときのこのオイスターソースいため
72 豚肉のしょうが焼き
74 肉じゃが
76 とうふとベーコン、にんじんのチャンプルー
78 豚汁
80 肉どうふ

COLUMN 2 使いまわしOK!

大活躍の作りおき ベスト3

82 **BEST1** 蒸し鶏／鶏肉のヨーグルトカレーソテー・鶏肉ときゅうり、もやしのあえ物
84 **BEST2** マッシュポテト／ポテトサラダ・豚ひきとポテトのグラタン
86 **BEST3** 味つけ卵／卵サンド

PART. 4

野菜たっぷりのサブおかず＆スープ

サブおかず

88　3色ナムル
89　トマトときゅうりのサラダ／ブロッコリーと豆のサラダ
90　キャベツのウスターソースいため／ほうれんそうのおひたし
91　小松菜とにんじんのつや煮／ザーサイと小松菜のいため物
92　チンゲンサイのじゃこあえ／にらの納豆あえ
93　アスパラのごまあえ／アスパラのおかかあえ
94　ピーマンのこしょうあえ／絹さやとにんじんのごま酢あえ
95　にんじんのマスタードあえ／大根サラダ
96　じゃがいもの酢の物／じゃがいものカレーいため
97　かぼちゃの含め煮／かぼちゃのヨーグルトサラダ
98　簡単蒸しなす／なすのみそいため
99　エリンギとねぎのサラダ／焼きねぎの梅肉あえ

スープ＆汁

100　にらとねぎのスープ／かぼちゃとベーコンのスープ
101　マッシュルームのミルクスープ／豚肉ときゅうりのキムチスープ
102　大根とにんじんのみそ汁／小松菜と麩のみそ汁
103　玉ねぎとじゃがいものみそ汁／しらすの梅すまし汁

COLUMN 3
ひとり暮らしこそ大切にしたい！

朝ごはんおすすめレシピ

104　基本の朝ごはんセット・トマトスクランブルエッグ
106　フレンチトースト
107　ピザトースト
108　わかめとじゃこの卵ぞうすい

PART 5 パパッと手間なし！ 2品献立

110 ひき肉のチーズ焼き＆もみレタスのサラダ

112 ツナオムレツ＆レタスサラダ

114 とうふステーキ＆いため野菜

116 豚肉の小角煮＆たたききゅうりの中華あえ

118 豚肉の塩焼きのっけごはん＆とうふとねぎのスープ

120 チキンケチャップ照り焼き＆にらともやしいため

122 焼き豚と卵、ねぎのチャーハン＆レタスとごまのスープ

料理にだんだん慣れたら…
魚介レシピにチャレンジ！
COLUMN 4

124 ［ぶりで］ぶりの照り焼き

126 ［鮭で］鮭のクリーム煮

128 ［あさりで］スパゲッティ ボンゴレ

PART 6 友達をよんで、楽しくおうちパーティー！

130 **party1** 生春巻きでパーティー
生春巻き／エスニックオムレツ／にんじんのソムタム風

134 **party2** キムチなべでパーティー
キムチなべ／焼きおにぎり／もやしとにんじんのナムル

137 **party3** ひき肉ののし焼きでパーティー
ひき肉ののし焼き／いかの韓国風あえ物

140 **お酒にもよく合う！ 10分おつまみ**
トマト、オリーブ、チーズのあえ物／鶏肉のサテ風／刺し身の薬味あえ／焼き油揚げと三つ葉のおかかあえ／クリームチーズと万能ねぎの揚げ春巻き／ささ身のキムチマヨ焼き

142 材料別さくいん

· PART ·

1

作る前に
読んでおこう！

はじめての
料理入門ガイド

（ 調理する ）

そろえよう 1

"必要最低限" の道具はこれ！

ひとり暮らしごはんの基本道具

これらの道具があれば、この本のレシピは全部作れます！

**直径は20〜24cmで
やや深さがあるものを**

いため物はもちろん、煮込みや
揚げ物なども作れるように、深
さがあるものを選びましょう。
直径は20〜24cmのものがベ
スト。蒸し煮などに必要なので、
ガラス製のふたも用意して。

フライパン

直径20〜24cm

**直径20cmあれば
汁物や煮物に大活躍！**

1人分の料理なら、直径20×高
さ10cmほどのなべがあれば十
分。なべは、扱いやすい片手タ
イプがおすすめ。ステンレス製
やほうろう製などはさびに強く、
丈夫で長もちします。

片手なべ

直径20cm

炊飯器

**3合炊きがベスト。
予約機能つきのものを**

ごはんをおいしく炊く、必需品。
ひとり暮らし用には、2〜3合炊き
のサイズで十分。加熱方法でマイ
コン式とIH式に分かれますが、好
みで選んで。予約機能つきだと、
さらに便利です。

電子レンジ

**あたためや解凍だけでなく
トースター機能つきも**

食材の加熱やそうざいなどのあ
ため、冷凍食品の解凍などがで
きる電子レンジ。オーブン機能や、
トーストやグラタンなどを焼ける
トースター機能がついたオーブン
レンジタイプが便利です。

使いやすさや
デザインも大切！

（ はかる ）

計量スプーン

小さじと大さじはマスト。すりきり用のへらも便利

小さじ＝5㎖、大さじ＝15㎖の2本は必要。すりきり用のへらがついたセットを選べば、½などもきちんとはかることができます。ほかに、½の目盛りやさじがついたタイプもあります。

計量カップ

1カップ＝200㎖が基本。耐熱ガラス製がおすすめ

液体などをはかるためのカップ。1カップは標準で200㎖をさします。米の計量カップは、1カップ180㎖なので要注意。熱湯を入れられて、電子レンジの使用もOKの耐熱ガラス製を選んで。

キッチンタイマー

調理などにかかる時間をはかって失敗防止

めん類のゆですぎや煮物の煮すぎなどは、料理を台なしに。正確な時間で調理するためには、タイマーは必要。秒単位でセットでき、換気扇フードなどにつけられるマグネットつきが主流。

はかり

1g単位ではかれるデジタル表示のものを

食材の重さをはかるための道具。重さの目盛りを針でさすアナログタイプもありますが、最小1gから正確にはかることができるデジタル表示のはかりがあると、ラクにはかれます。

（ 洗う ）

ボウル

電子レンジ調理もできる耐熱ガラス製を

ざると大きさをそろえると、ボウルにざるをセットした状態で使いやすく、収納もスマート。電子レンジで加熱するときの容器にもなるので、耐熱ガラス製がおすすめ。

ざる

直径19・24㎝くらいの大小をそろえて

洗った野菜の水けやめん類の湯をきるなど、使う場面が多い道具。さびに強くて丈夫なステンレス製を。直径19・24㎝程度の大小2個があれば、調理もラクです。

（　切る　）

キッチンばさみ

包丁のかわりにも。食品専用を用意して

食品の袋を切るときはもちろん、焼きのりや青じそなど、さっと切りたいときに、包丁よりも手軽に使えます。衛生面を考え、食品専用のはさみを使って。使用後は、刃を洗って水けをふきとりましょう。

包丁＆まないた

包丁は刃渡り15～18㎝、持ち手が握りやすいもの

包丁は肉、魚、野菜などさまざまな食材を切ることができる、万能タイプ。刃渡りは15～18㎝が切りやすく、柄が握りやすいものを選んで。まないたは、汚れたら漂白しやすく乾かしやすい樹脂製がおすすめ。

スライサー

せん切りや薄切りが手早くきれいに仕上がる

料理初心者では包丁でなかなかきれいにできないのが、せん切りや薄切り。専用のスライサーがあれば、手軽に一定の薄さや細さにきれいに切れ、作業時間も短くなるので、料理のハードルが下がります。

ピーラー

根菜などの皮むきを包丁よりラクにパパッと

にんじんや大根といった根菜などの皮むきが、包丁よりも手早くできます。ごぼうのささがきや、きゅうりを縞目にむくのにも便利。右側の突起部分は、じゃがいもの芽をくりぬくときに使います。

（　まぜる・すくう　）

玉じゃくし

汁をすくうとき、盛りつけなどに

汁をすくうとき、煮物の具のとり分け、アクをすくうときなどに使います。注ぎ口がついたタイプなど形もさまざま。

フライ返し

肉や魚などを返したいときに

ハンバーグや魚の切り身を焼く途中、上下を返すときに。材料の下にフライ返しを入れてやや持ち上げ、くるっと返します。

ゴムべら

コシがあってまぜやすい

卵液やごはんをまぜるときなどに使う、へら。耐熱ゴム製なら適度なコシがあり、なべをこそげたりするのにも便利。

菜箸

長さ違いで2組あると便利

長いほうは煮物や揚げ物に、短いほうはあえ物や盛りつけなどに使いやすい長さ。2組あると調理がぐっとスムーズに。

（ 食器類 ）

角皿

大きめなら幅広く活躍。食卓も華やかに

四角い形は、食卓で新鮮に見えて華やかな印象を与えるので、1枚あると便利。おかずとごはんをいっしょに盛ったり、友人とのパーティーに使ったり、幅広いシーンで活躍します。写真は、20.5㎝角の器。

茶わん＆汁椀

毎日の食事に欠かせない基本の組み合わせ

毎日のように使う茶わんや汁椀は、実際に持って手になじみやすいものを。直径12㎝ぐらいが目安。茶わんは少し大きめのものなら小どんぶりとして、汁椀は白木のものなら洋のスープにも使えます。

カフェオレボウル

ジャンルを問わずに使えるすぐれもの

あたたかい飲み物を飲みたいときはもちろん、具だくさんのスープや小どんぶりなど、和洋中のジャンルを超えて使えます。おやつなどを入れて、来客時に出してもかわいいのでおすすめ。

丸皿

縁に立ち上がりがあると汁けのあるおかずも安心

直径22～24㎝の器なら、メインとつけ合わせをワンプレートで盛りつけられます。取り皿として、直径15～17㎝のものもあると、使えます。少し汁けのあるものも盛れるように、縁に立ち上がりのあるタイプを。

（ 保存用容器 ）

ライスストッカー

容量2.5㎏までなら冷蔵庫で保存できる

米は小さな単位で買ったほうが、鮮度がよいうちに食べられるので、ストッカーもコンパクトサイズを。冷蔵庫にも入る大きさなので、鮮度もキープできます。写真のものは、幅15×奥行き28×高さ15㎝。

保存容器

においがつかないものを。ほうろう製なら食卓にも

作りおきのおかずなどを保存するときには、ふたがしっかり閉まる保存容器に入れて。ほうろう製ならにおいがつきにくく、汚れも落としやすい。そのまま電子レンジ加熱したいなら、耐熱ガラス製がおすすめ。

そろえよう **2**

味の決め手！

基本の調味料

基本的なごはん作りに欠かせない調味料を紹介します。

超基本の

"さしすせそ"

さ
砂糖

**使いがってのいい
上白糖がキホン**

さとうきびや砂糖大根から作られるのが、砂糖。製法の違いで多くの種類がありますが、この本での「砂糖」は、上白糖をさします。好みで三温糖やきび砂糖を使ってもかまいません。

す
酢

**メニューの味つけから
食材の下ごしらえまで**

穀物酢や米酢が一般的で、米酢のほうが酸味がまろやか。味つけのほかに、切ったれんこんやごぼうの変色を防いだり、さばなどの魚などをつけると殺菌・防腐の作用があり、下ごしらえにも活躍。

そ
みそ

**まず使うなら
淡色の中辛タイプを**

産地や原料によって種類が分かれますが、この本では淡色の中辛タイプが基本。いろいろ試して好みの味を見つけましょう。かびたりしないように、開封したら密閉し、冷蔵で保存します。

し
塩

**精製塩なら手軽。
風味のよいあら塩でも**

塩は日本では海水から作られます。食塩、精製塩は塩化ナトリウムの純度が99％以上のものをさします。一方、あら塩と呼ばれる、昔ながらの製法の塩はミネラル分を多く含み、うまみがあります。

せ
しょうゆ・薄口しょうゆ

**いわゆる「しょうゆ」は
濃い口のこと**

基本は、濃い口のしょうゆ。鮮度が落ちやすいので、少量タイプで早めに使いきりましょう。薄口しょうゆは色が薄いので、材料の色を生かしたいときに。ただし、塩分は少し多めなので量に注意。

最初は、最低限の
ものでいいのね

（ その他そろえたい調味料 ）

ウスターソース

市販のフライなどもおいしく

トマトや玉ねぎ、にんじんなどの野菜とりんごやプルーンなどの果実のしぼり汁、煮出し汁などに、スパイスを加えて作られます。市販のフライやコロッケに、料理の味つけに。

酒

「料理酒」は塩かげんに注意して

レシピの「酒」は日本酒（清酒）のこと。風味づけや魚介のくさみ消し、肉をやわらかくする効果も。「料理酒」は、日本酒と効果は同じですが、塩分を含む場合が多く、塩やしょうゆをかげんします。

こしょう

黒と白を料理で使い分けて

黒こしょうは辛みと香りが強く、粉状とあらびきタイプが。肉や魚のソテーやいため物などに。白こしょうは、辛みと香りが控えめで、クリーム煮など白く仕上げたい場合に使います。

本みりん・みりん風調味料

アルコール分や塩分量をチェック

本みりんは蒸したもち米から造られる甘みの強い酒の一種で、アルコール分は約14％。みりん風調味料は、アルコール分が1％未満で、うまみは落ちます。塩分を含む場合は、味つけを控えめに。

食用油・バター

作りたい料理に合わせて常備

油の基本は、味やクセのないサラダ油。そのほか、パスタやドレッシングなどに使うオリーブ油、風味が強く、中国料理などに使うごま油などが。バターは、香ばしさやコクを出したいときに。

マヨネーズ

野菜に添えるだけで1品完成！

卵と酢にサラダ油を少しずつまぜたもの。生またはゆでた野菜に添えるだけでサラダになりますが、カロリーが高めなので使いすぎに注意。カロリーを半減したヘルシータイプを選んでもよいでしょう。

顆粒だし・固形スープ

市販の「もと」を上手に利用

料理に欠かせないだしやスープは、1人分単位ではなかなかとりづらいもの。顆粒などの和風だしや中華スープのもと、固形の洋風スープのもとなどを活用すれば、十分です。

トマトケチャップ

洋食の味つけが簡単にできる！

完熟トマトを加熱して裏ごしし、砂糖と酢、スパイスを加えたもの。ハンバーグやオムレツのソース、パスタの味つけなど、洋食に幅広く使えます。少量タイプを選び、冷蔵保存を。

時短に役立つ！便利なおすすめ食材

ひとり暮らしのパパッとごはんに大活躍の5つの食材です。

1 カット野菜

**使いきれて、切る必要なし！
ひとり暮らしに最適！！**

食べきりやすい量の野菜がカットした状態でパックされているので、初心者にはもってこい。複数の野菜を合わせたものもあり、栄養面でも◎。葉ものから、切るのがめんどうな根菜まで、バリエーションも豊富です。

切る手間なし！

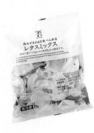

2 冷凍食材

**下ごしらえずみの食材が
使いたいときに使える**

旬の食材を新鮮なうちに冷凍保存しているので、栄養面でも優秀。ゆでるなどの下ごしらえもされていて、すぐ使えるのもうれしい。使いたい量だけとり出して使えて、あとは長く保存できるので、ムダもありません。

日もちしない野菜はもちろん、果物などもラインナップ。手軽に使えます。

トマト缶は
マスト！

冷凍して
使いきり！

3 缶詰

**魚など加工ずみで便利。
トマト缶は冷凍して使いきり**

下ごしらえずみの食材を、安全に密閉。魚なども、缶詰を使えば手軽です。トマト缶は、味つけされていない分、煮込みやソースなど幅広い料理に使え、常備したいもの。余ったら、冷凍用保存袋に入れて、冷凍すればOK。

4 ハーブミックス

**複数のハーブを合わせて
香りと風味添えに**

パセリやオレガノ、バジルなどさまざまな乾燥ハーブをバランスよくブレンドした、ハーブミックス。風味づけに最適で、よけいな塩分に頼らなくてもおいしく仕上がります。色がさびしいときの色添えにも便利。

時間だけじゃなく
食材のムダも
省けるわね！

5 チューブ入り薬味

**ちょこっと使いたいときに
常備してあると心強い**

おろししょうが、おろしにんにく、おろしわさび、ねりがらしなどがチューブ詰めになった製品が。おろす手間がないのでおすすめです。いずれも少量ずつ使うことの多い薬味なので、日もちするチューブ入りは経済的。

大さじ1＝15ml
小さじ1＝5ml

（ 計量スプーンで ）

初心者で目分量は失敗のもと。きちんとはかりましょう。

計量スプーン＆カップの正しいはかり方

粉類をはかる

大さじ⅓＆小さじ⅓

大さじ1または小さじ1を正しくはかり、スプーンの柄などで中心に向かって放射状に3等分し、1つを残して残りをとり除きます。

大さじ½＆小さじ½

大さじ1または小さじ1を正しくはかり、スプーンの柄などを半分量のところに差し込んで、余分な量をとり除きます。

大さじ1＆小さじ1

山盛りすくいとり、菜箸やへらを計量スプーンの縁に沿わせて平らにならし、すりきりの状態にして余分な分量を払い落とします。

液体をはかる

大さじ⅓は、小さじ1と同量。底が丸いスプーンの場合、小さじ⅓は、スプーンの⅓の深さではなく、½の深さまで入れます。

底が丸いスプーンの場合、スプーンの半分の深さに入れるのではなく、⅔の深さまで入れると、ちょうど半分の量になります。

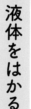

計量スプーンの縁ギリギリに液体を入れます。もう少しでこぼれそうなくらいに、きっちりと入れた状態にするのがポイント。

1カップ＝200㎖

（ 計量カップで ）

●液体をはかる

炊飯用カップは180㎖（1合）なので要注意！

1カップ

水平なところにおき、縁まで入って1カップのものは縁ギリギリまで、1カップ以上の場合は、目盛りを真横から見て、はかりましょう。

●粉類をはかる

1カップ

縁まで入って1カップのものは、すりきりに。1カップ以上はかれるものは、目盛りまでスプーンで入れ、押しつけずに表面を平らにならします。

（ 指で ）

●3本指で

ひとつまみ

親指と人さし指、中指でつまんだ量が「ひとつまみ」の目安。2本指でつまんだ「少々」よりは多めの分量になります。

●2本指で

少々

親指と人さし指でつまんだ量が「少々」の目安です。こしょうなど容器から振るものは、3〜5回振り入れたぐらいの量。

（ 包丁の使い方 ）

いろいろな方法をマスター！

包丁の切り方と名称

食材や調理法に合う切り方をすれば、火の通りも見た目も違います。

●持ち方

**手のひら全体で
柄をしっかり握る**

包丁の柄を手のひら全体でしっかり握ります。親指を柄のつけ根に当て、人さし指を「みね」に少しのせるようにしてみて。人さし指を真っすぐにして「みね」にのせてもOK。

●切り方

**材料を片方の手で押さえて
刃をすべらせるように**

包丁を持たないほうの手を材料にのせ、指先を引っ込めるように軽く曲げ、指の関節で刃を支えるように切ります。材料の上から刃で押さえつけず、斜め前方にすっとすべらせるようにすると、力まずに切れます。

正しい持ち方、
使い方が
大切なのね！

（ 切り方 ）

いちょう切り

輪切りの¼サイズに切る

半月切りのさらに半分の大きさで、いちょうの葉のような形にする切り方。大根など筒状の材料を縦半分にし、さらに2等分してから、端から一定の厚さで切ります。

半月切り

輪切りの半分の、半円状

切り口がまるくなる材料を、輪切りの半分の大きさに、半円形に切ります。材料を一度縦半分に切ってから、切り口を下にして、端から一定の厚さで切ること。

輪切り

切り口がまるくなる材料に

大根、にんじんなど、切り口がまるい材料を端から直角に、一定の厚さで切ります。煮物などは厚めに、いため物などは火の通りをよくするため薄く切るのが基本。

小口切り

細長い野菜を端からカット

ねぎやごぼうなど、細長い野菜の厚みをそろえて、端からカット。厚さは調理に合わせて。大根などの太さがある野菜は、同様に切っても「小口切り」とはいいません。

くし形切り

丸い野菜を縦に等分に切る

玉ねぎやトマトなど球状の野菜を縦半分にし、中心に向かって等分になるよう、放射状に切る切り方です。形がくし（櫛）に似ているところから、この名前に。

乱切り

形は不規則でも同じ大きさに

不規則な形に切る切り方ですが、火の通りを均一にするため、大きさはほぼそろえるのがコツ。にんじんなど、棒状の材料は手前に回しながら切ると、上手に切れます。

拍子木切り

拍子木のような四角柱形に

大根やにんじん、じゃがいもなどを拍子木のような形に切ります。まず材料を4〜5㎝長さに切り、1㎝厚さの板状に切ってから、縦に1㎝幅に切ります。

短冊切り

長方形の薄切りにカット

名前のとおり、七夕の短冊のような形に切ります。まず4〜5㎝長さ、1㎝厚さくらいの長方形に切り、さらに繊維に沿って厚みを薄く切っていきます。

斜め切り

細長い野菜を端から斜めに

ねぎ、にんじん、ごぼうなど、細長い野菜を斜めに切ります。厚さは料理に合わせて。野菜が太い場合は縦半分に切ってから、斜め切りしてもよいでしょう。

細切り

せん切りよりやや太めに

せん切りよりも太めの、マッチ棒大。料理に合う長さに切り、太さや厚みのあるものは縦に薄切りにし、少しずつずらして重ね、繊維に沿って端から2〜3㎜幅に切ります。

せん切り

線のようにごく細長く切る

材料を料理に合う長さに切り、太いものや厚いものは縦に薄切りにして、少しずつずらして重ね、繊維に沿って細く切ります。葉野菜は2〜3枚重ねて端から切って。

角切り

さいころ状に切りそろえて

根菜やいも、肉、とうふなどをさいころ状に切ります。まず四角い棒状に切ってから、幅と同じ長さに切ると、形や大きさがきれいにそろいます。

しょうがのみじん切り

せん切りにしてから切る

皮をむいて繊維と平行にごく薄く切り、少しずつずらして重ね、繊維に沿ってなるべく細いせん切りに。ひとまとめにして横向きにおき、さらに端からこまかく刻みます。

ねぎのみじん切り

先に斜めの切り込みを

ねぎの⅓くらいの深さまでこまかい斜めの切り込みを入れ、ひっくり返して同様に斜めの切り込みを入れ、端から薄く刻むと、最後までバラバラになりません。

そぎ切り

厚みをそぐように切る

しいたけや白菜の根元、鶏肉や魚など、厚みがある材料を、厚さをそぐように切る切り方。包丁の刃をねかせて、手間に引くように斜めに刃を入れてすっと切ります。

わかりにくい！

COLUMN

切り方の言葉ガイド

縦半分に切る

「縦半分」は、野菜のへたなどを上、根元を下にしたときに幅を2等分にすること。長さを半分に切らないように注意して。一方、「横半分」の場合は長さを2等分にします。

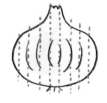

繊維に沿って切る

にんじんなど細長い野菜や玉ねぎなどは縦方向に繊維が走り、その向きに沿って切ると、シャキシャキの食感に。逆に繊維を断つ方向に切ると、水分が抜け、やわらかくなります。

最後までおいしく食べきる！

食材の正しい保存テク

残しがちな食材も、正しく保存すればムダなく使えます。

（ 常温でOK！ ）

じゃがいも・玉ねぎ・にんにく

紙袋などに入れて口をとじ、風通しのいい冷暗所へ

じゃがいも、玉ねぎ、にんにくなどは、冷蔵庫には入れず、風通しのよい場所へ。紙などで包み、直射日光を避けましょう。

米

袋から密閉容器に移して涼しいところで保存

米は袋のまま保存せず、必ず密閉容器などに入れ、酸化を防ぎましょう。また、涼しく、湿気も少ない場所が好ましく、害虫の発生も防ぐため、冷蔵庫での保存がおすすめ。

米はライスストッカーへ (p.13参照)

乾物

開封したら、きっちりと口をとじること

カットわかめ、のり、ごま、削り節、乾めんなども常温でOK。開封後は、湿気を防ぐため、しっかり口をとじること。

調味料

未開封のもの、油と酢、だしのもとなどは常温

未開封の調味料、油、酢、だしのもとなどは常温、それ以外は開封したら冷蔵庫へ。種類によるので、表示を確認して。

（ 冷蔵庫でOK！ ）

乳製品・卵

傷みやすい食材なので必ず冷蔵庫に

牛乳やヨーグルトなど、乳製品は傷みやすく、買い物後は冷蔵庫に。出しっぱなしは厳禁です。卵も冷蔵庫での保存が安心。生で食べる場合は新鮮なうちに。

買ってすぐ使う肉・魚・野菜

帰宅後すぐに冷蔵庫に入れて品質キープ

買い物後、肉、魚、野菜などは、基本的に冷蔵庫に入れて保存。肉や魚は、あればチルド室へ、野菜は野菜室に入れると、より食材に合った環境で保存できます。

（ 冷凍庫を活用！ ）

ごはん

保存目安 1～2カ月

解凍のしかた 電子レンジで解凍

あたたかいうちにラップで包むと、パサつきを防ぎ、ふっくら解凍できます。1食分をできるだけ平らになるようにしてラップで包み、冷凍用保存袋へ入れます。おにぎりの形状で保存しても。

食パン

保存目安 3～4週間

解凍のしかた 凍ったままトースターなどで焼く

冷蔵保存は水分が抜けてパサついてしまうので、NG。1枚ずつラップで包み、冷凍用保存袋に入れて冷凍保存します。食べるときは、凍ったままトースターや焼き網などで焼けばよく、簡単です。

肉・魚

保存目安 2～3週間

解凍のしかた 冷蔵庫で自然解凍または電子レンジで解凍

1パック分を一度に使いきれないことも多い、肉や魚。肉は食べやすく切り、使いやすい量に小分けして、魚は切り身なら1枚ずつラップで包んで冷凍すれば、使うときにも便利です。

1 **空気を入れずにぴったり包んで**

使いやすい分量に小分けし、ラップになるべく平らになるようにのせ、空気が入らないように包む。

↓

2 **小分けしたものをさらに保存袋へ**

1で小分けしたものを冷凍用保存袋に入れて、空気をなるべく抜き、口をしっかり閉める。

魚の切り身も1切れずつ包んでから

水けをキッチンペーパーでふきとり、1切れずつラップで包む。さらに冷凍用保存袋に入れる。

パッと使いやすく小分けにすると便利だわ！

（　ガスの火かげん　）

加熱上手は料理上手！

「火かげん」「加熱かげん」の基本

レシピに登場する火かげんと電子レンジの加熱の目安を解説します。

この本では「火かげん」
マークをつけています

 強 強火　　 弱 弱火

 中 中火　　 止 止める

 弱中 弱めの中火

火の強さは目できちんと確認するのが基本

火かげんには、主に「弱火」「中火」「強火」の3つがあります。なんとなくの調整をすると、調理自体がうまくいかない場合も。初心者は、下記を目安にしながら、火の強さを目で見て確認することが大切。IHの場合は、各製品により異なります。

●基本の火かげん

弱火

じっくりコトコトと煮込むときなどに使う火かげん。炎の先がなべの底とコンロの半分くらいの状態。コンロのつまみは¼～⅓が開いている程度が目安。さらに弱めると、「とろ火」になる。

中火

調理の基本となる火かげんで、煮汁をフツフツと煮立たせる場合などに使う。炎の先がなべにつくかつかないかくらいの状態。コンロのつまみは半開きくらいになるのが目安。

強火

いため物や焼き目をつける場合の火かげん。炎の先がなべの底に当たり、炎が少し広がった状態。なべから炎がはみ出さない程度にするが、コンロのつまみはほぼ全開になるのが目安。※テフロン加工のフライパンを使用する場合は、「強火」の指示のときでも、「中火」の火かげんで調理すること。

（ 電子レンジの加熱の目安 ）

食材別・電子レンジ加熱時間リスト

＊600Wの電子レジの場合の目安です。500Wの場合は1.2倍、700Wの場合は0.8倍にしてください。

＊食材は、耐熱ボウル（または耐熱皿）に入れてラップをふんわりかけるか、直接ラップで包んでから電子レンジ加熱してください。

野菜の種類や個数などで最適な加熱時間を覚えよう

電子レンジでの加熱がうまくできれば、料理の大きな助けに。主な野菜の加熱のしかたや時間の目安を参考にして。野菜は大きさや重さに個体差があるので、加熱時間はあくまで目安。何度か調理しながら、感覚をつかんでください。

野菜

食材名	重さ	切り方	加熱時間
にんじん	80g	皮をむいて一口大の乱切り	1分20秒
れんこん	100g	皮をむいて一口大の乱切り	1分20秒
かぶ	200g（2個）	皮をむき、茎を2㎝ほどつけたまま4つに切る	2分20秒
じゃがいも	240g（小2個）	皮をむいて一口大の乱切り	4分
里いも	280〜320g（4個）	よく洗い、皮つきのまま加熱し、皮をむく	4分
ブロッコリー	170g（½個）	小房に分ける	3分
かぼちゃ	150g（⅛個）	一口大に切る	2分20秒
もやし	125g（½袋）	時間があればひげ根を除く	1分
キャベツ	大2枚	1枚の形のまま、または切った状態で	2分
小松菜	170g	そのままで	1分50秒
チンゲンサイ	120g（1株）	縦4つに切る	1分10秒
さやいんげん	70g	へたを切る	1分30秒
グリーンアスパラガス	4本	根元のかたい部分を2㎝ほど折る	1分20秒
とうもろこし	250〜300g（1本）	皮とひげ根を除く	4分30秒

肉・魚介

食材名	重さ	加熱時間
鶏胸肉	小1枚（200g）	4分
鶏もも肉	小1枚（200g）	4分
鶏ささ身	1本（50g）	50秒〜1分10秒
殻つきあさり	250g	4分〜4分20秒
むきえび	100g	50秒〜1分10秒
白身魚の切り身	1切れ（100g）	50秒〜1分10秒

大豆製品　　※ラップはかけない

食材名	重さ	コツ	加熱時間
とうふ（水きり）	1丁（300g）	キッチンペーパーで包む	2分
厚揚げ（油抜き）	1枚	キッチンペーパーで包んでぬらし、軽く水けをきる	20秒
油揚げ（油抜き）	1枚	ぬらしたキッチンペーパーで包む	20秒

基本の料理用語

レシピでもう迷わない！

初心者にはわかりにくい、レシピの独特の表現や用語をまとめました。

【 かぶるくらい 】

なべに入れた材料がちょうど隠れるくらいの状態。じっくり味を煮含める煮物、ゆで卵、豆などの乾物類をゆでたり煮たりするときに適当な水分量。

【 石づきをとる 】

石づきはしいたけやしめじなどのきのこの軸の先にある、ややかたい部分。汚れがあり、食感も悪いので切り落とす。

【 落としぶた 】

煮物のときになべよりひと回り小さいサイズで中の材料に直接のせるふたのこと。少量でも煮汁を全体に行き渡らせ、煮くずれを防ぐ。木製やステンレス製の落としぶたが売られているが、クッキングシートで自分で作ることができる。

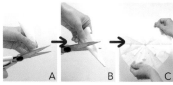

なべの直径に合わせてクッキングシートを正方形に切って縦横に折り、さらに三角に折り周囲をまるく切り落とし、先を切り落として（A）、辺のところどころに切り込みを入れ（B）、最後に広げる（C）。アルミホイルなら、周囲をまるく形づくり、穴をところどころあければいいだけなので、簡単。

【 ひたひた 】

なべに入れた材料の先が、水面から少し出ている状態。煮くずれしやすい食材、水けの多い食材を煮るときなどに適当な水分量。

【 あえる 】

下ごしらえした材料に合わせたあえ衣をからませ、全体にムラなく味をつけること。

【 味をととのえる 】

調理の仕上がりに味を確かめ、味がもの足りないときに塩、こしょうなどの調味料を少々加えて補うこと。

【 アク 】

素材に含まれる苦みやクセのある味やにおいがアク。空気にふれると変色するのもアクのしわざ。じゃがいもやれんこん、なすなどを切ったあとに水にさらしたりすることを「アク抜き」という。野菜や肉、魚などをゆでたり煮たりするときに、ゆで汁や煮汁に浮いてくる白や茶色っぽい泡やかたまりもアクで、とり除くことを「アクをとる」という。

ごはんをおいしく炊くコツ

おいしいごはんを炊くには、米の洗い方が大切。
水と火のかげんは炊飯器におまかせ。

1 まぜて水を捨てる

大きめのボウルに、はかった米を入れて水を注ぎ、手早くまぜて水を捨てます。米は水分を吸収しやすいため、最初の水はぬかくささが残らないよう、手早く捨てます。

2 米を洗う

水を注ぎ、ぐるぐると20回くらいまぜて水を捨て、これを2～3回くり返します。

3 ざるに上げる

米粒が流れないように、手のひらで受けながら、水を捨てたら、ざるに上げて30分ほどおき、米に吸水させて水をきります。表示どおりに水を加え、スイッチオン。

【 好みに 】

自分の好きな味に調味料や香辛料の量などをかげんすること。表示の量に多少加えたり、控えめにする程度にし、いきなり量をふやしすぎないように。

【 しんなりしたら 】

かたさがなくなり、しなやかになること。野菜をいためてくったりとした状態や野菜に塩を振って水けが出た状態をいう。

【 なべ肌 】

フライパンや中華なべなどの側面のこと。いため物の仕上げに、よく熱せられた側面に沿わせてしょうゆやごま油などを加えると、香りが立って風味が増す。

【 煮立つ 】

水や煮汁などの液体を十分に熱して、表面が泡立つ程度に沸騰させること。

【 1かけ 】

しょうが、にんにくなどの分量を示す単位。しょうがは親指の先くらいの大きさが目安。にんにくは、大小の差があるが、小片に分けた1かけらのこと。

【 ひと煮する 】

ほんの短時間、煮立たない程度の火かげんで煮ること。調理の仕上げなどによく使われる表現です。

【 一口大 】

かみ切ることなく一口で食べられる大きさに切ること。目安は3～4cm角。

この本の
レシピの見方

はじめてでもコツがひと目でわかる！

**1人分の材料と
切り方がわかりやすい**
材料の用意がしやすいように、一部のページでは、材料を写真で紹介。肉や野菜の切り方も目と言葉で確認できます。

火かげんマークで見落としなし
手順ごとの写真に「火かげんマーク」を入れ、火かげんをわかりやすくお知らせ。慣れていなくても慌てません（マークの見方はp.26参照）。

**レシピのラクチン度が
マークで確認できる**
★は「超簡単レシピ」、★★は簡単だけれど、下ごしらえなどをていねいにしたいレシピや、いためてから煮るなどの2段階の調理が必要な料理です。

**吹き出しであなたの調理を
完全フォロー！**
レシピだけではわかりにくいこまかなコツを「吹き出し」でアドバイス。これで失敗もなし！

**レシピのポイントが写真や
コラムでつかみやすい！**
一部のレシピでは、作り方の手順ごとに写真でも紹介。レシピを読み慣れない初心者でも、コツがしっかりつかめます。

POINT
コラムでも
調理のコツを紹介！

**調理時間＆カロリー＆
材料費の目安もひと目で！**
この本の全レシピに、調理にかかる時間やカロリー、材料費の目安をわかりやすく表示。料理がはじめてでも、安心。

※章やページによってはデザインが異なり、レシピの見方が一部異なります。

この本の表記について

●調味料などをはかる計量スプーンとカップは、大さじ1＝15㎖、小さじ1＝5㎖、1カップ＝200㎖が基準です（ただし米をはかるカップは炊飯器専用の180㎖のもの）。はかり方はp.18〜19をごらんください。
●味つけは目安量や勘に頼らず、計量スプーンとカップを使いましょう。必ず味をみて、足りなければ補う程度に必要な調味料を加えます。
●砂糖は上白糖、酒は日本酒のこと。固形スープ「½個」は顆粒スープのもと小さじ1で代用できます。なお、調味料についてはp.14〜15をごらんください。

●野菜類は指示のないかぎり、洗う、皮をむく作業を省いて説明しています。
●電子レンジの加熱時間は、600Wの場合の目安です。500Wの場合は1.2倍、700Wの場合は0.8倍にしてください。
●調理時間は、材料を切ったり、調味料を合わせたりするところから仕上げまでの目安です。材料を洗う、水けをきる、米を炊く、乾物をもどすなどの時間は含まれません。カロリー(kcal)の数値は1人分のエネルギー量です。材料費は首都圏の特売価格を基に、1食あたりの目安を表示。買いおきできる調味料、油脂類、米、粉類、乾物などは含まれていません。

すぐ食べたいときの
1品満足レシピ

★☆

ツナとレタスの
クリームパスタ

あえるだけで味がしっかり決まる超簡単サラスパ

生クリームではなく
クリームチーズで気軽！

| 8分 | 729 kcal | 218円 |

材料／1人分

スパゲッティ	80g
カット野菜 (サラダ用レタスミックス)	
	1袋 (75g)
ツナ缶 (オイル漬け)	1缶 (80g)
クリームチーズ	3個 (18g×3)
塩、こしょう	各少々

クリームチーズ
カットしてある
タイプが便利！

カット野菜
このまま使える！

3 スパゲッティを加える

スパゲッティはゆでかげんを確認したら、ざるに上げて湯をきり、**2**に加えてまぜる。

> 熱いうちなら、クリームチーズがやわらかくなってまぜやすい！

1 スパゲッティをゆでる

なべにたっぷりの湯を沸かし、塩 (分量外) を加え、沸騰したら、スパゲッティをばらして入れる。ときどきかきまぜ、袋の表示時間を目安にゆでる。

強

> 湯1ℓに対して塩大さじ⅓が目安！

4 カット野菜もあえる

全体がだいたいまざったら、さらにカット野菜を加え、ざっくりとあえる。

2 チーズとツナをまぜる

大きなボウルにクリームチーズを入れ、ツナを缶汁ごと加える。塩、こしょうを振り、ゴムべらでツナをつぶすようになめらかになるまでまぜる。

キャベツと
アンチョビーのパスタ

違う具材でも応用できる、基本のにんにく×とうがらし

パスタとキャベツを
同じなべでゆでて
簡単に！

10分 / 478 kcal / 70円

材料／2人分

スパゲッティ	80g
キャベツ	200g
アンチョビー	2枚
にんにく	1かけ
赤とうがらし	1本
塩	適量
オリーブ油	大さじ1

赤とうがらし
2〜3つにちぎって
種を除く

キャベツ
一口大に切る

にんにく
薄切り

3 キャベツもゆでる

スパゲッティがゆで上がる2分前に1のなべにキャベツを加え、いっしょにゆでてざるに上げ、湯をきる。

スパゲッティとキャベツが同時にゆで上がるように考えて！

1 スパゲッティをゆでる

スパゲッティをゆでる。
（p.33参照）

4 まぜ合わせる

2に3を加えてざっとまぜ合わせ、塩で味をととのえる。

塩は少しずつ加えて調整して！

2 具材をいためる

フライパンを中火にかけてオリーブ油をひき、にんにくと赤とうがらしをいためる。香りが立ったらアンチョビーを加え、へらでつぶしながらいため、火からおろす。

15分 700kcal 160円

★☆

ソーセージとアスパラのパスタ

具がゴロゴロ！　アスパラをブロッコリーにしても

材料／1人分

スパゲッティ ……………… 80g
ウインナソーセージ
　…………………… 3本(100g)
グリーンアスパラガス …… 5本
塩 …………………………… 適量
こしょう …………………… 少々
サラダ油 ………………… 大さじ½

作り方

1 スパゲッティをゆでる(p.33参照)。

2 アスパラは根元のかたい部分を切り落とし、長さを半分に切る。ソーセージは斜めに5〜6本の切り目を入れる。

3 フライパンを中火にかけてサラダ油をひき、ソーセージをいためる。切り目が開いてきたらアスパラを加え、色があざやかになるまでいため合わせる。

4 1がゆで上がったらざるに上げて湯をきり、3に加えていため、塩、こしょうで味をととのえる。

10分 | 571 kcal | 90円

★☆

ナポリタン

みんな大好き！　ケチャップベースのなつかしい味

POINT

玉ねぎが透き通ったら ケチャップを加える

具をしっかりケチャップでい ためると、あとで加えるスパ ゲッティにも味がよくからむ。

材料／1人分

スパゲッティ	80g
ロースハム	2枚 (40g)
玉ねぎ	1個
ピーマン	2個
トマトケチャップ	大さじ3
塩	適量
こしょう	少々
サラダ油	大さじ½

作り方

1 スパゲッティをゆでる(p.33参照)。

2 ハムは短冊切り、玉ねぎは縦半分に切ってから繊維に沿って4〜5mm幅に切り、ピーマンは縦半分に切ってへたと種を除き、長めの乱切りにする。

3 フライパンを中火にかけてサラダ油をひき、ハムと玉ねぎをいため、ケチャップを加えていため合わせる。

4 1がゆで上がったら湯をきって3に加え、ピーマンも加えていため合わせ、全体をからめる。塩、こしょうで味をととのえる。

15分 ・ 525 kcal ・ 140円

★☆

煮込みうどん

鶏肉のうまみたっぷりのつゆでグツグツ煮込んで

POINT

うどんは凍ったままイン

冷凍うどんは凍ったまま煮立った煮汁へ。ゆでめんの場合は、熱湯にくぐらせてぬめりをとる。

材料／1人分

うどん (冷凍)	…………	1玉
鶏もも肉	…………	½枚 (100g)
水菜	…………	100g
A	だし	1¾カップ
	酒	大さじ1
	塩	少々
	みりん	大さじ½
	しょうゆ	小さじ1弱

作り方

1 鶏肉は一口大に切り、水菜は5〜6cm長さに切る。

2 なべ (あれば土なべ) に A を入れて強火で煮立て、鶏肉を1切れずつ入れて7〜8分煮る。

3 うどんを凍ったまま加え、ほぐれて熱々になるまで煮込み、水菜を加えてひと煮する。

10分　474kcal　90円

**そうめんの下ゆでは
かためがベスト**
そうめんは煮汁で煮るので、かためにゆでる。煮汁に入れたらさっと煮て、とき卵を回し入れる。

★☆
卵とじにゅうめん
あったかそうめんとふわふわ卵は遅い夕食にも

材料／1人分

そうめん	75g
とき卵	½個分
油揚げ	1枚
ねぎ	1本
A ┌ だし	1.5カップ
塩	少々
みりん	大さじ½
└ しょうゆ	小さじ1

作り方

1 油揚げはざるに入れて熱湯を回しかけ、表面の油を落とす。湯をよくきり、一口大の角切りにする。ねぎは3cm長さに切る。

2 なべにたっぷりの湯を沸かし、そうめんをパラパラとほぐし入れて大きくまぜ、ややかためにゆでる。ゆで上がったらざるに上げ、すぐに流水をあてて冷まし、軽くもんで洗い、水けをよくきる。

3 なべにAを入れて煮立て、1を加えて4〜5分煮る。

4 2を加えてひと煮し、とき卵を回し入れて火を止める。

15分　706kcal　200円

★☆

ピーマンと牛肉の焼きそば

香ばしくいためるとおいしく仕上がる！

POINT

中華蒸しめんは事前にレンチン！
中華蒸しめんは冷たいままだとほぐれにくいので、電子レンジであたためて。

材料／1人分

中華蒸しめん	1玉
ピーマン	3個
牛こまぎれ肉	100g
A しょうゆ	小さじ1
酒	小さじ1
酒	大さじ1
塩、こしょう	各少々
サラダ油	大さじ1

作り方

1 めんは耐熱ボウルに入れてラップをふんわりとかけ、電子レンジで1分〜1分30秒加熱してほぐしやすくする。

2 牛肉はAを振りかけて手でもみ、下味をつける。

3 ピーマンは縦半分に切ってへたと種を除き、斜めに1cm幅に切る。

4 フライパンを強火にかけてサラダ油をひき、**2**をほぐしながらいためる。

5 肉に火が通ったら**1**を加えてほぐしながらいためる。こんがりと焼き色がついたら**3**を加えていため合わせ、酒を振り入れ、塩、こしょうで味をととのえる。器にめんを盛り、具をのせる。

★★

ジャージャーめん

ザーサイの食感とうまみが肉みその味の決め手

15分 739kcal 150円

POINT

ザーサイを使えば
味つけが即決まる!

肉みそに味つけザーサイを加えれば、味が決まりやすく、調味料の数も減らせて、おすすめ。

材料／1人分

中華生めん	1玉
豚ひき肉	100g
にんにく	½かけ
味つきザーサイ	20g
A テンメンジャン(p.50参照)	大さじ2
A オイスターソース(p.71参照)	小さじ1
A 湯	¼カップ
ごま油	大さじ½
きゅうり	⅓本

作り方

1 にんにくはみじん切り、ザーサイはあらめのみじんに切る。きゅうりは斜め薄切りにしてから細切りにする。

2 フライパンを弱火にかけてごま油をひき、にんにくをいためる。香りが立ったら中火にしてひき肉をいためる。肉の色が変わって火が通ったら、ザーサイを加えてさっといため、Aを加えてよくまぜ、汁けがなくなるまで煮詰める。

3 なべに湯を沸かしてめんをほぐし入れ、袋の表示どおりにゆでる。湯をきり、冷水でよく洗ってぬめりをとり、しっかり水けをきる。

4 器にめんを盛り、**2**をのせてきゅうりを添える。

★☆

さばとごぼうの柳川丼

うまみたっぷりのさばと根菜をふんわり卵で包んで

材料を切る手間なし！
栄養たっぷりの簡単丼

15分　786kcal　222円

あたたかいごはん
………………**150g**（茶わん1杯分）
さば水煮缶 …………… **1缶**（200g）
カット野菜（細切り根菜ミックス）
〈にんじん、ごぼう〉**1袋**（100g）
卵………………………………**1個**

A ［ 砂糖 ……………… **大さじ½**
 しょうゆ ……………… **小さじ2** ］

カット野菜
カットずみで
ラクチン！

3 調味料を加える

Aを加える。さばを大きくくずしてときどきまぜ、2〜3分煮て味をなじませる。

1 根菜を蒸し煮にする

フライパンにカット野菜、湯100mℓを入れて中火にかけ、ふたをして7〜8分煮る。

4 卵を加える

割りほぐした卵を回し入れてふたをし、好みのかげんに火を通す。器に盛ったごはんにのせる。

左の写真ぐらいなら、2〜3分の加熱が目安

2 さば缶を加える

ごぼうがやわらかくなったら、さば缶を汁ごと入れる。

栄養満点のさば缶の汁は活用して！

10分　620kcal　120円

★☆

親子丼

ふわふわ半熟卵でお店顔負けの味が手軽に！

POINT

**とき卵は具の中心から
全体に回しかける**

とき卵は、煮た具をおおうよう
に中心から回しかける。弱めの
火かげんでふっくらと火を通す。

材料／1人分

あたたかいごはん
　………… 150g（茶わん1杯分）
鶏胸肉 ………… ½枚（120g）
玉ねぎ ………… 縦½個
卵 ………… 1個
A ┌ だし ………… ½カップ
　│ しょうゆ ………… 大さじ1
　└ 砂糖 ………… 小さじ1

作り方

1 鶏肉は一口大のそぎ切りにする。玉ねぎは繊維に沿って5〜6mm幅の細切りにする。

2 なべにAを入れて強火にかけ、玉ねぎを透き通るまで煮て、鶏肉を1切れずつ加え、ふたをして2〜3分煮る。

3 鶏肉に火が通ったら、割りほぐした卵を回し入れ、すぐふたをして弱火にし、好みのかげんに火を通す。

4 器にごはんを盛り、熱々の**3**をのせる。あれば三つ葉を食べやすく切って飾る。

10分 | 617 kcal | 120円

★☆

牛丼

ボリューム満点！ 倍量で作って冷凍しておいても便利!!

<u>材料／1人分</u>

あたたかいごはん
⋯⋯⋯ **150g**（茶わん1杯分）
牛こまぎれ肉 ⋯⋯⋯⋯ **50g**
玉ねぎ ⋯⋯⋯⋯⋯⋯ **¼個**
A ⌈ **だし** ⋯⋯⋯⋯ **⅓カップ**
⎸ **しょうゆ** ⋯⋯ **大さじ1**
⎿ **みりん** ⋯⋯⋯ **大さじ1**
三つ葉 ⋯⋯⋯⋯⋯⋯ **¼束**

<u>作り方</u>

1 玉ねぎは7〜8mm厚さのくし形に切る。三つ葉は3cm長さに切る。

2 なべにAを合わせて中火にかけ、煮立ったら玉ねぎ、牛肉の順に入れてアクをとる。

3 3〜4分煮て火を通し、三つ葉を加え、ひと煮する。

4 器にごはんを盛り、3をのせる。

5分 | 334 kcal | 190円

★☆
刺し身づけのっけ丼
刺し身をしょうゆにからめるだけのごちそう丼

POINT

**しょうゆをからめて
数分おく**

刺し身にしょうゆをからめ、2〜3分おいて、よくなじませるとしっかり味がしみておいしい!

材料／1人分

あたたかいごはん
............**150g**（茶わん1杯分）

刺し身盛り合わせ........**1人分**
（写真は、まぐろ3切れ、たい、いか
各2切れ）

しょうゆ **大さじ1**

おろしわさび ....**少々**

作り方

1 刺し身はパックからボウルに移し、しょうゆをかけてよくからめる。

2 パックにいっしょに入っているつまの大根や海藻は、ざるに入れて流水をかけてさっと洗い、水けをよくきる。

3 器にごはんを盛り、**2**を敷いて**1**をのせる。わさびを添える。

46

| 10分 | 553 kcal | 180円 |

★☆

キムチと豚肉のぞうすい

野菜も肉もたっぷり食べられる！ ピリ辛で体もホカホカ

POINT

**完全に火が通る前の
肉にキムチをからめて**

豚肉に生っぽい部分が残る
うちにキムチといため合わせ
ると、肉に味がよくなじむ。

材料／1人分

ごはん	150g (茶わん1杯分)
豚こまぎれ肉	100g
白菜キムチ (刻んだもの)	100g
万能ねぎ	20g
固形スープ	½個
しょうゆ	大さじ½
ごま油	大さじ½

作り方

1 万能ねぎは食べやすく切る。な
べを強火にかけてごま油をひき、
豚肉をいためる。肉の色がだい
たい変わったら、キムチを加え
てよくいため合わせる。

2 湯2カップと固形スープをくず
して加え、煮立ったらアクをす
くいとる。

3 しょうゆで味をつけ、ごはんを
加えて2～3分煮る。ごはんが
ほぐれてやわらかくなったら、
万能ねぎを加えてひと煮する。

15分 | 751 kcal | 150円

★☆

さつまいもときのこのリゾット

バターでいためてから牛乳で煮るイタリア風のぞうすい

POINT

牛乳を加えたら煮立たせすぎない

牛乳を煮立たせると分離の原因に。煮立ったら10秒ほどで火を止めること。

材料／1人分

ごはん	150g（茶わん1杯分）
さつまいも	150g
しいたけ	2個
ベーコン	2枚
牛乳	¾カップ
塩、こしょう	各少々
バター	大さじ1

作り方

1 さつまいもは皮つきのまま5mm厚さのいちょう切りにし、さっと洗う。しいたけは石づきを切り落とし、縦半分に切ってから5mm幅に切る。ベーコンは1cm幅に切る。

2 フライパンを中火にかけてバターをとかし、**1**をいためる。

3 さつまいもがやわらかくなったら、ごはんを加えてほぐしながらいため合わせる。

4 牛乳を加え、まぜながらひと煮立ちさせ、塩、こしょうで味をととのえる。

15分 | 328 kcal | 100円

★☆

チキンの豆乳リゾット

淡泊な鶏胸肉も牛乳のコクで食べやすく

栄養バランスも
よさそうね

材料／1人分

ごはん ····· 100g（茶わん⅔杯分）
鶏胸肉（皮なし）····· 小½枚（75g）
ブロッコリー ···················· 50g
オリーブ油 ············· 小さじ1
豆乳（成分無調整）············ 80mℓ
塩、こしょう ··············· 各少々

作り方

1 鶏肉は7〜8mm厚さの一口大のそぎ切りにする。ブロッコリーは小さく分ける。

2 フライパンにオリーブ油を中火で熱し、鶏肉、ブロッコリーをいためる。肉の色が変わったら湯¼カップを注ぎ、汁けがなくなるまで煮る。

3 ごはんを加え、豆乳を3回に分けて加え、まぜながらごはんに吸わせ、塩、こしょうで味をととのえる。

| 15分 | 654 kcal | 120円 |

★☆

はるさめいための中華風まぜごはん

中華風の甘辛おかずをあったかごはんにさっとまぜて

材料／1人分

あたたかいごはん ……200g (茶わん1杯強)	
豚ひき肉 (赤身)	50g
はるさめ	25g
にんにく	½かけ
しょうが	½かけ
A ┌ テンメンジャン	大さじ1
├ 豆板醤	少々
└ しょうゆ	大さじ½
ごま油	大さじ½

作り方

1 はるさめは湯につけてやわらかくもどし、水けをきって食べやすく切る。

2 にんにくは薄切りにし、しょうがはみじん切りにする。

3 フライパンを中火にかけてごま油をひき、**2**をいためる。香りが立ったらひき肉を加え、ポロポロになるまでいため、**A**と**1**を加えていため合わせる。

4 汁けがなくなったら、ごはんにまぜる。

10分 ・ 726kcal ・ 170円

★☆
きのこの炊き込みごはん
具と調味料を加えて、あとは炊飯器におまかせ！

POINT
**具はまんべんなくのせ
まぜないで炊く**
鶏肉、きのこ、にんじんは広
げてのせる。具をのせたらま
ぜないで、そのまま炊くこと。

材料／1人分

米	1カップ
しいたけ	½パック
しめじ	½パック
にんじん	小¼本
鶏胸肉	50g

A
酒	小さじ½
しょうゆ	小さじ½

B
酒	大さじ½
塩	少々
しょうゆ	小さじ1
みりん	小さじ1

作り方

1 米は炊く30分前に洗い、ざるに上げて水けをきる。

2 しいたけとしめじは石づきを切り落とし、しいたけは薄切りにし、しめじはほぐす。にんじんは7〜8mm角に切る。

3 鶏肉は小さめのそぎ切りにし、**A**をからめて下味をつける。

4 炊飯器に**1**を入れて水をひたひたに注ぎ、**B**を加え、さらに水を「1」の目盛りまで足してひとまぜし、米の表面を平らにする。

5 **2**と**3**を広げてのせ、ふたをして普通に炊く。炊き上がったら、さっくりとまぜる。

忙しい日もばっちり！

そうざい＋αで バランス時短ごはん

便利で手軽なそうざいは、栄養バランスをよくするアレンジで、大満足の一品に！

コロッケで！

5分 ／ 445 kcal ／ 90円

★☆

コロッケのまぜごはん

ウスターソース風味がアクセント。野菜もいっしょに

材料／1人分

コロッケ	1個
キャベツ	1枚 (50g)
ごはん	150g (茶わん1杯分)
ウスターソース	大さじ1

作り方

1 耐熱ボウルにごはんを入れてコロッケをのせ、ラップをふんわりとかけて電子レンジで1分30秒〜2分30秒加熱する。

2 キャベツはせん切りにする。

3 1にウスターソースをかけて2をのせ、へらでコロッケをくずしながら、切るようにしてよくまぜ合わせる。

とんカツで！

10分 | 635 kcal | 190円

★☆

とんカツのトマト煮

トマト味が衣にしみて、パンやパスタに！

POINT

衣のぐずぐず防止で
とんカツは最後に

汁が煮立って玉ねぎにトマト味がな
じんだら、切ったとんカツを加える。
衣がはがれないように大きくまぜる。

材料／1人分

とんカツ（ロース）	1枚
玉ねぎ	½個
トマト缶	200g
塩、こしょう	各少々
サラダ油	大さじ½

作り方

1 とんカツは一口大に切る。玉ね
ぎは繊維に沿って4～5mm幅の
薄切りにして、ほぐす。

2 なべを中火にかけてサラダ油を
ひき、玉ねぎをいためる。しん
なりしたらトマト缶を加え、よく
つぶす。

3 湯¼カップを加えてまぜ、煮
立ったら、塩、こしょうで味をと
とのえる。とんカツを加えてま
ぜながら熱々に煮て、器に盛る。
あればタイム（ハーブ）を飾る。

かき揚げで！

10分　473kcal　190円

★☆

かき揚げの焼きそば

かき揚げの香ばしさを生かして塩焼きそばに！

P O I N T

**かき揚げを焼いて
にじみ出た油を使う**

かき揚げの表面をカリッと焼いて
出てきた油を利用し、ねぎとめん
をいためるので、油は使わない。

材料／1人分

好みのかき揚げ	1個
ねぎ	1本
中華蒸しめん	1玉
塩、こしょう	各少々

作り方

1 めんは袋から出して耐熱皿にのせ、ラップをふんわりとかけて電子レンジで50秒加熱し、ほぐしやすくする。または、ざるに入れて熱湯をかけてほぐし、水けをよくきる。

2 かき揚げは適当な大きさに切る。

3 ねぎは斜め切りにする。

4 フライパンを中火にかけて**2**をこんがりと焼く。油がにじみ出てきたら**3**を加えていため合わせ、ねぎがしんなりしたら**1**を加えていため合わせる。

5 めんがほぐれて熱々になったら、塩、こしょうで味をととのえる。

ギョーザで！

10分 　136 kcal 　140円

★☆
ギョーザと白菜のスープ

ボリュームたっぷりのおかずスープに変身！

P O I N T
ギョーザは最後に加え煮すぎない

白菜を十分煮たらギョーザを加え、中まで熱々にする。煮すぎると皮が破れて中の具が出るので注意。

材料／1人分

ギョーザ	3個
白菜	大1枚(100g)
固形スープ	½個
塩、こしょう	各少々

作り方

1 白菜は縦に2〜3等分に切ってから、一口大の角切りにする。

2 なべに湯1カップと固形スープをくずして入れて中火にかけ、煮立ったら1を加えて煮る。

3 白菜がしんなりしたらギョーザを加えて1〜2分煮て、塩、こしょうで味をととのえる。

煮豆で！

15分　354kcal　160円

★☆
うずら豆のドライカレー
残りがちな煮豆の甘みを人気メニューに生かして

POINT
うずら豆がおすすめ。
白いんげん豆などでも
煮豆は、ひき肉と玉ねぎをよくいためたら加える。うずら豆のほか、白いんげん豆や五目豆でも。

材料／1人分

うずら豆の煮豆（金時豆）……………… 65g	トマトケチャップ ………… 大さじ1
豚ひき肉…………… 50g	ウスターソース ………… 大さじ1
玉ねぎ ……………… ½個	A しょうゆ…… 大さじ½
カレー粉……… 小さじ½	こしょう……… 少々
小麦粉………… 小さじ1	
	サラダ油……… 大さじ½

作り方

1 玉ねぎはみじん切りにする。

2 フライパンを中火にかけてサラダ油をひき、ひき肉と1をいためる。ひき肉がポロポロにほぐれ、玉ねぎが透き通ったら、煮豆を加えて軽くいため合わせる。カレー粉を振り入れて、いためまぜる。

3 小麦粉を振り入れていため、粉の白い部分がなくなったら湯¼カップとAを加え、まぜながらとろりとするまで煮詰める。

肉・とうふの
メインおかず

チキンと野菜のハーブ蒸し

ワイン＆オイルで蒸し煮して鶏肉のうまみを引き出して

彩りがきれいな
ごちそうが
簡単に完成！

20分 | 346 kcal | 146円

材料／1人分

鶏もも肉	½枚 (120g)
塩	少々
じゃがいも	小1個 (100g)
ミニトマト	6個
キャベツ	⅛個 (150g)
ハーブミックス	小さじ½〜1
白ワイン	大さじ2
オリーブ油	大さじ1

キャベツ
大きめのざく切り

じゃがいも
縦に四つ割り
に切る

ミニトマト
へたをとる

3 ハーブミックスを振る

全体にハーブミックスを
まんべんなく振る。

ハーブの風味が
味のアクセントに！

1 鶏肉に塩をする

フライパンに鶏肉をその
まま入れ、塩をもみ込む。

フライパンの
中で味つけすれば
洗い物が
ふえない！

4 ワインと油で蒸し煮する

ワイン、オリーブ油を回
しかけてふたをし、中火
にかける。煮立ったら、
少し火を弱め、8〜10分、
じゃがいもがやわらかく
なるまで蒸し煮にする。

中 → 弱中

2 野菜を加える

じゃがいも、ミニトマト、
キャベツを加える。

重ならないように
並べて！

豚肉、キャベツ、ねぎの みそいため

強火で一気にいためるのがおいしさのポイント!

甘めのみそ味が
食欲をそそる!

10分　417 kcal　110円

材料／1人分

豚こまぎれ肉	……………	**100g**
キャベツ	……………	**200g**
ねぎ	……………	**1本**
A みそ	……………	**大さじ2**
砂糖	……………	**大さじ1**
酒	……………	**大さじ1**
サラダ油	……………	**大さじ½**

キャベツ
3cm角に切る

ねぎ
斜め切り

3 野菜をいためる

肉にだいたい火が通ったら、ねぎ、キャベツを加え、いため合わせる。

この段階では、
肉は多少
生っぽくてもOK!

1 調味料を合わせる

小さめの容器にAを入れてよくまぜ合わせる。

みそは酒で
よくのばして!

4 調味料をからめる

全体に油がなじんでキャベツの色があざやかになったら、**1**の合わせ調味料を加えて、手早くいため合わせる。

2 豚肉をいためる

フライパンを強火にかけてサラダ油をひき、豚肉をほぐし入れていためる。

ひと口チキンソテー マヨソース

★☆

香ばしく焼いた鶏肉にマヨネーズソースがマッチ!

にんにくマヨネーズを
のっけて焼くだけ!

15分 | 523 kcal | 95円

鶏肉
1cm厚さの
そぎ切り

絹さや
筋をとる

鶏胸肉	小1枚(150g)	
A	マヨネーズ	大さじ2
	にんにくのすりおろし	少々
絹さや	30g	
塩、こしょう	各少々	
サラダ油	大さじ½	
ハーブミックス	適量	

3 マヨソースをのせる

弱火にし、肉に1のソースをたれないようにのせる。

> ソースは
> スプーンで中央に
> こんもりのせて!

1 下準備をする

鶏肉は塩、こしょうを振って下味をつける。Aはまぜ合わせ、マヨソースを作る。

4 蒸し焼きにする

3を片側に寄せ、あいたところに絹さやを入れ、ふたをして2分ほど蒸し焼きにする。器に盛り、ハーブミックスを振る。

2 鶏肉を焼く

フライパンを強火にかけてサラダ油をひき、鶏肉を並べる。肉の表面が白くなったら返し、2〜3分焼いて中まで火を通す。

> 皮の面から
> 焼いて!

豚薄切り肉のトマトカレー

ルー＋生トマトでさわやかな味わいに

多めに作れば
2日目も楽しめる！

15分

629 kcal

195円

材料／1人分

にんじん
乱切り

トマト
へたをとって
一口大に切る

玉ねぎ
1cm厚さの
くし形切り

じゃがいも
一口大に切り、
洗う

豚肉
長さを半分に切る

豚ロース薄切り肉	100g
じゃがいも	1個(150g)
にんじん	$\frac{1}{3}$本
玉ねぎ	$\frac{1}{4}$個
トマト	1個
カレールー	小$\frac{1}{3}$箱(40g)
ローリエ(p.69)	$\frac{1}{2}$枚
サラダ油	大さじ$\frac{1}{2}$

3 ルーをとかす

止

じゃがいもがやわらかく
なったら火を止め、ルー
を加え、かきまぜてとかす。

ルーを入れるときは、
火を止めるのが
基本！

1 肉をいためて野菜を加える

中

フライパンを中火にかけ
てサラダ油をひき、豚肉
を入れて焼きつけるよ
うにいためる。こんがり
と焼けたら、じゃがいも、
にんじん、玉ねぎを加え
ていためる。

4 トマトを加える

中

再び中火にかけ、まぜ
ながら煮立てる。とろみ
がついたらトマトを加え、
再びフツフツするまで煮
る。

2 湯を加える

強 → 弱

油がなじんだら湯2カッ
プとローリエを加え、強
火にする。煮立ってきた
ら弱火にし、アクをとり
ながら7〜8分煮る。

煮立ったら
弱火に切りかえて！

クリームシチュー

牛乳で煮込まないのがなめらかに仕上げるコツ

市販のルーが
なくても
おいしく簡単！

15分 / 612 kcal / 235円

66

じゃがいも
小さめの一口大
に切る（水に
3〜4分さらして
水けをきる）

ブロッコリー
大きめの房に
切り分ける

鶏肉
3〜4cm角に切る

塩、こしょう
各少々を振って
手でもむ

材料／1人分

鶏もも肉	小1枚(150g)
じゃがいも	1個
ブロッコリー	¼個(50g)
バター	大さじ1
小麦粉	大さじ3
固形スープ	½個
ローリエ(p.69)	1枚
牛乳	¾カップ
塩、こしょう	各適量

3 固形スープをとかす

湯1カップを注いで固形スープをくずして加え、ローリエも加えてよくまぜる。とろりとしたら弱火にしてふたをし、5〜6分煮込む。

強 → 弱

1 鶏肉と野菜をいためる

フライパンを強火にかけてバターを入れ、ジュワーッととけたら鶏肉をいためる。肉の表面がこんがりしてきたら、じゃがいも、ブロッコリーを加えてよくいためる。

強

4 牛乳を加えて軽く煮る

じゃがいもがやわらかくなったら牛乳を加える。フライパンの底からよくまぜてひと煮立ちさせ、塩、こしょう各少々で味をととのえる。

弱

牛乳を入れたら
長く煮込まない！

2 小麦粉を振り入れる

じゃがいもの表面が透き通る感じになったら、小麦粉を振り入れ、粉っぽさがなくなるまでいためる。

強

粉の白い部分が
なくなるように
いためて！

ソーセージと
大切り野菜のポトフ

肉も野菜もモリモリ食べられる、フランスの家庭料理

スープに材料を入れて
煮込むだけで超簡単！

15分

492
kcal

150円

MEMO

ローリエ
肉のくさみ消しとして、
洋風の煮込み料理に
用いられる乾燥ハーブ。

セロリ
筋をとる

キャベツ
くし形切り
のまま

フランクフルトソーセージ	
·················	**2本**(150g)
キャベツ·············	**⅛個**(150g)
セロリ·············	**7〜8cm**
玉ねぎ·············	**½個**
固形スープ·············	**1個**
ローリエ·············	**1枚**
塩、こしょう·············	**各少々**

3 野菜を煮込む

強 → 中

セロリはフライパンに入
れ、キャベツ、玉ねぎを
加え、煮立ったら中火に
してふたをし、7〜8分
煮込む。

> キャベツや
> 玉ねぎは
> 芯をつけたまま

1 スープを作る

強

フライパンに湯2.5カッ
プを入れて強火にかけ、
固形スープをくずして加
え、煮とかす。

4 ソーセージを加える

中

野菜がやわらかくなった
らソーセージを加えて4
〜5分煮て、塩、こしょ
うで味をととのえる。

2 ローリエを加える

強

固形スープがとけたら、
ローリエを加える。

> くさみが消え、
> 香りがアップ

厚揚げときのこの
オイスターソースいため

コクのある味で箸がすすむ、ボリューム満点の一品

手間なしで作れる！
本格的な中華おかず

| 15分 | 468 kcal | 134円 |

まいたけ
手で食べやすい大きさに
裂く

MEMO

オイスターソース
カキを発酵させて作った調
味料。甘みと独特のうまみ
があり、中華のいため物な
どに活躍。

厚揚げ	1枚（250g）
まいたけ	1パック
オイスターソース	大さじ1
しょうゆ	小さじ1
こしょう	少々
サラダ油	大さじ½

3 まいたけを加える

強火にして全体がこんが
りするまでいため、まい
たけを加えてしんなりす
るまでいため合わせる。

厚揚げの中まで
熱々にいためて！

1 厚揚げの油けをとる

なべに湯を沸かして厚揚
げを入れ、再び煮立った
ら、ざるに上げて湯をき
る。手で持てるくらいに
冷めたら、キッチンペー
パーで水けをふきとる。

これが"油抜き"！

4 味をつける

オイスターソース、しょ
うゆ、こしょうの順に加
えて手早くいため合わせ、
味をなじませる。

2 厚揚げをいためる

フライパンを中火にかけ
てサラダ油をひき、厚揚
げを一口大にちぎって入
れる。

厚揚げは切るよりも
ちぎったほうが
味がなじむ！

豚肉のしょうが焼き

調味料は肉につけ込まず、からめるだけだから簡単!

香ばしい焼き上がりが
たまらないおいしさ!

15分 ・ 629 kcal ・ 300円

トマト ------------
へたをとり、
縦半分に切る

MEMO

豚肉しょうが焼き用
しょうが焼き用は普通の
薄切り肉よりもやや厚めで、
サイズも大きめ。

豚ロース薄切り肉 (しょうが焼き用)
················· **4枚 (200g)**

A ⌈ しょうゆ············· 大さじ1
　| 砂糖················ 小さじ1
　⌊ おろししょうが······ 大さじ½
サラダ油············· 大さじ½
ベビーリーフ·········· ⅓パック
トマト··············· 小1個

3 肉を焼く

強

フライパンを強火にか
けてサラダ油をひき、**2**
を1枚ずつ広げて入れ
る。縁が白くなってきた
ら、返して焼く。

少し生っぽい
状態で
返してOK!

1 合わせ調味料を用意

小さめの容器に**A**をまぜ
合わせる。

4 **1**をからめる

強 → 止

こんがりと焼けたら**1**を
加えて肉にからめ、火を
止める。器に盛り、ベビー
リーフとトマトを添える。

2 豚肉の筋を切る

豚肉は、脂身と赤身の境
目に1〜2cm間隔で、包
丁の先で短い切り込みを
入れる。

切り込みは
焼き縮み防止に!

肉じゃが

じゃがいもをホクホクに煮たおいしさを召し上がれ!

"お母さんの味"を
思い出す、甘辛味

15分 　561kcal 　230円

玉ねぎ
繊維に沿って
4〜5mm幅の
細切り

じゃがいも
一口大に切って、
水にさらし、
アクを抜く

牛切り落とし肉	100g
じゃがいも	2個
玉ねぎ	縦½個
酒	大さじ2
しょうゆ	大さじ1
砂糖	小さじ1
サラダ油	大さじ½

3 しょうゆと砂糖を加える

湯¾カップ、しょうゆ、砂糖を加えて、全体をひとまぜする。煮立ってきたら、アクをていねいにすくいとる。

> 煮汁はできるだけとらないようにアクをすくう

中

1 野菜と肉をいためる

フライパンを中火にかけてサラダ油をひき、水けをきったじゃがいもと玉ねぎをいためる。じゃがいもの表面が透き通る程度になったら、牛肉をほぐし入れていため合わせる。

> じゃがいもの縁が透き通ってきたら、肉の入れ時！

中

4 煮る

落としぶた（p.28参照）をし、ときどきゆすりながら、じゃがいもがやわらかくなり、汁けがほとんどなくなるまで煮る。

中

2 酒を加える

肉の色が変わり始めたら、酒を振り入れて煮立てる。

> しっかり煮立ててアルコールをとばして！

中

とうふとベーコン、にんじんのチャンプルー

ベーコンを焼いて出た脂でいためてコクをプラス!

野菜も肉もとうふも!
しっかりとれる沖縄風

15分 / 507 kcal / 150円

木綿どうふ	1丁(300g)
ベーコン	3枚(50g)
にんじん	100g
塩、こしょう	各少々
サラダ油	大さじ½

MEMO

とうふ
木綿どうふはしっかりしているので、煮たり焼いたりするのにぴったり。冷ややっこなどには絹ごしを。

にんじん
斜め薄切りにしてずらして重ね、端から細切り

ベーコン
2〜3cm幅に切る

3 とうふを加える

にんじんがしんなりしたら**1**を1つずつ加え、強火にする。

中 → 強

4 味をつける

とうふを焼きつけるようにいため、焼き色がついたら、塩、こしょうで味をととのえる。

味をみてから塩、こしょうで調整！

強

1 とうふを水きりする

とうふは手で一口大にちぎってキッチンペーパーにのせ、水けをきる。

3で加えるまでこのままおく

2 ベーコンからいためる

フライパンを中火にかけてサラダ油をひき、ベーコンをいためる。脂が出てきたら、にんじんを加えていためる。

ベーコンはしっかりいためて

中

豚汁

いためて、油の膜で野菜や肉のうまみをとじ込めて

野菜も肉もモリモリ！
具だくさんおかず汁

15分 495kcal 170円

大根・にんじん
4cm長さで厚めの
短冊切りにする

ねぎ
斜め切り

豚こまぎれ肉	100g
大根	80g
にんじん	20g
ねぎ	1本
みそ	大さじ1
サラダ油	大さじ½

3 湯を加える

中 → 強 → 中

野菜に油がなじんだら強火にし、湯¼カップを加える。煮立ったら中火にして、アクをすくいとる（p.75の 3 参照）。

1 豚肉をいためる

中

フライパンを中火にかけてサラダ油をひき、豚肉をいためる。

肉は重ならない
ように入れて

4 みそを加える

中 — 止

大根やにんじんがやわらかくなったら、みそを煮汁でよくといてフライパンに戻し入れてまぜる。煮立つ直前に火を止める。

みそは玉じゃくしで
ときのばして

2 野菜を加える

中

肉の色が変わったら、大根、にんじん、ねぎを加えていため合わせる。

肉どうふ

いためた肉のうまみをほかの具材に煮含めて

すき焼き風の甘辛味で
手軽にごちそう気分！

15分 ・ 469 kcal ・ 140円

白菜
葉と軸に切り分け、
3〜4cm幅のざく切り

牛切り落とし肉	…	100g
木綿どうふ	…	小1丁(200g)
白菜	…	2枚(150g)
A	酒	大さじ1
	湯	½カップ
	しょうゆ	大さじ1
	砂糖	小さじ1
サラダ油	…	大さじ½

とうふ
横半分に切り、
1.5cm幅に
切る(p.77参照)

3 とうふを加える

汁が煮立ったらとうふを加え、再び煮立ったら中火にし、ときどきまぜながら5〜6分煮る。

強→中

とうふがくずれても気にしない

1 肉と白菜の軸をいためる

フライパンを強火にかけてサラダ油をひき、牛肉を1枚ずつ広げていためる。肉の色がほとんど変わったら、白菜の軸を加えていため合わせる。

強

火の通りにくい白菜の軸を先に加えて！

4 白菜の葉を加える

白菜の軸がやわらかくなったら白菜の葉を加えまぜ、しんなりするまで弱火で煮る。

弱

2 味つけする

全体に油がなじんだら、Aを酒、湯、しょうゆ、砂糖の順に加えてさっとまぜる。

強

BEST 1

人気の鶏胸肉を
しっとりおいしく！

20分 | 457 kcal | 114円

使いまわしOK！

大活躍の作りおき ベスト3

そのままでもおいしくて、アレンジしやすい、人気のストック3食材です。

★☆

蒸し鶏

保存
冷蔵で7日

蒸しゆですればパサつきなし！

材料／作りやすい分量

鶏胸肉	1枚 (300g)
塩	小さじ¼
こしょう	少々
白ワイン	大さじ2

POINT

**冷ますときはふたをして
フライパンの中で**

鶏肉を冷ますときはふたを
したフライパンの中で。肉
の乾きを防ぎます。

作り方

1 鶏肉はフライパンに入れ、塩、こしょう
を振り、しっかりもみ込む。

2 1にワインをからめ、湯80mℓを入れて
中火にかけ、ふたをする。煮立ってから
8分ほど蒸しゆでにする。

3 火を止め、ふたをとらずにそのまま完全
に冷ます。

4 3は保存容器に汁ごと入れて保存する。

メイン
おかずに！

| 10分 | 231 kcal | 49円 |

P O I N T

軽く焼きつけたら肉にたれをからめる
鶏肉は焼きすぎるとパサパサになりがち。
軽く色づく程度に焼きつけたら、手早くたれ
をからめて。

アレンジ 1　★☆

鶏肉のヨーグルトカレーソテー

蒸し鶏を「たれにからめるだけ」のすぐできおかず

材料／1人分

「蒸し鶏」(p.82参照) ……………… ⅓枚
オリーブ油 …………………………… 小さじ1
A ┌ プレーンヨーグルト(無糖) … 大さじ3
　├ カレー粉 ………………… 小さじ⅓
　└ トマトケチャップ ……… 小さじ1
ミニトマト、レタス (一口大にちぎる)
　………………………………………… 各適量

作り方

1　蒸し鶏は7～8mm厚さに切る。

2　Aをまぜ合わせる。

3　フライパンにオリーブ油を中火で熱し、1を入れて軽く焼きつける。鶏肉があたたまったところに2を加え、全体にからめる。器に盛り、ミニトマト、レタスを添える。

サブ
おかずに！

| 5分 | 230 kcal | 47円 |

アレンジ 2　★☆

鶏肉ときゅうり、もやしのあえ物

食感が楽しい野菜と相性抜群。1品足りないときに便利

材料／1人分

「蒸し鶏」(p.82参照) …… ⅓枚
きゅうり ……………………… ⅓本
もやし ………………………… 50g

A ┌ ねり白ごま …… 大さじ½
　├ 砂糖、しょうゆ
　│ ………………… 各小さじ1
　└ 酢 …………… 小さじ2

作り方

1　蒸し鶏は食べやすい大きさに裂く。

2　きゅうりは細切りにし、もやしはゆでる。

3　大きめのボウルにAをなめらかにまぜ合わせ、1、2を加えてあえる。

クリーミーで
ふわふわ。
つけ合わせにも活躍！

20分 ／ 全量 530 kcal ／ 36円

★☆

マッシュポテト

保存 冷蔵で 7日

マヨネーズの酸味がほどよいアクセント。
やみつきになる味

POINT

**熱々のうちに
じゃがいもをつぶす**

じゃがいもはなべの中で、フォークでつぶす。必ず熱いうちにつぶすこと。ホクホクの食感に。

材料／作りやすい分量

じゃがいも ……… 2個(250g)

A ┌ 酢 ……………… 小さじ2
　└ 塩、こしょう ……… 各少々

マヨネーズ ……… 大さじ4

作り方

1 じゃがいもは皮をむいて一口大に切り、さっと洗う。なべに湯を沸かして中火でゆでる。やわらかくなったらざるに上げて湯をきり、再び火にかけ、なべをゆすって水けをとばす。

2 1が熱いうちにつぶし、Aを加えてまぜる。

3 2が冷めたら、マヨネーズを加えてまぜる。

サブ
おかずに！

10分 ・ 232 kcal ・ 33円

アレンジ1 ★☆

ポテトサラダ

きゅうりと玉ねぎ、ハムを切ってまぜるだけ！

材料／1人分

「マッシュポテト」(p.84参照)
…………………… 1/3量
きゅうり ……………… 1/2本
玉ねぎ ………… 1/8個(25g)
ロースハム …………… 1枚
塩 ………………………… 少々

作り方

1 きゅうりは縞目にむいて薄い小口切りに、玉ねぎは薄切りにする。

2 1をボウルに入れ、塩を振って手でもみ、しんなりさせる。さっと洗って水けをしぼる。

3 ハムは1cm角に切る。

4 マッシュポテトをボウルに入れ、2、3を加えてまぜ合わせる。

メイン
おかずに！

20分 ・ 557 kcal ・ 103円

アレンジ2 ★★

豚ひきとポテトのグラタン

マッシュポテトを牛乳でゆるめてソースがわりに

材料／1人分

「マッシュポテト」(p.84参照)
…………………… 1/3量
牛乳 ……………… 大さじ3
豚ひき肉 ……………… 100g
玉ねぎ ………… 1/4個(50g)

A ⎡ トマトケチャップ
　 ………………… 大さじ1
　 ウスターソース
　 ………………… 小さじ1
　 塩、こしょう …… 各少々 ⎦
サラダ油、バター
………………… 各小さじ1

作り方

1 玉ねぎはみじん切りにする。

2 フライパンにサラダ油を中火で熱し、ひき肉を入れていためる。ポロポロになったら、1を加えていため、Aを加えていため合わせる。

3 マッシュポテトを小さなボウルに入れ、牛乳を加えてまぜ、ゆるめる。

4 耐熱容器に2を入れ、3をかける。バターを小さくちぎってのせ、オーブントースターで10～12分、こんがりと焼く。

POINT

マッシュポテトは牛乳でのばして
マッシュポテトを牛乳でのばして、なめらかにするとソースがわりに使うことができます。

ストックすれば
おべんとうにも活躍！

★☆

味つけ卵

保存
冷蔵で7日

だしじょうゆでつけるだけ。めんつゆでつけても

材料／作りやすい分量

卵		4個
A	だし	大さじ4
	しょうゆ	大さじ2
	みりん	大さじ1

作り方

1 なべに60度ぐらいの湯（指を入れたら熱くてすぐ引き上げる程度）、塩、酢各少々（分量外）、卵を入れて中火にかけ、煮立ったら弱火にして8分ほどゆでる。

2 1を冷水にとり、殻をむいて水けをふく。

3 なべにAを入れ、中火にかけてひと煮立ちさせ、冷ます。

4 ポリ袋に3と2を入れ、つけ汁が全体に行き渡るようにつける。口をとじて保存する。

20分 全量 318 kcal 36円

POINT

ポリ袋保存だと味のしみ方が均一に

保存するときは、容器ではなくポリ袋がおすすめ。つけ汁が全体に回り、味が均一にしみ込む。

朝食にも
ランチにも！

アレンジ ★★

卵サンド

「味つけ卵」のだしじょうゆ味がいいアクセントに！

材料／1人分

「味つけ卵」(上記参照)	2個	にんじん	40g
マヨネーズ	大さじ1	食パン(8枚切り)	2枚
焼き豚(市販)		バター	大さじ½
	薄切り2枚(20g)		

作り方

1 味つけ卵はボウルに入れ、フォークを押しつけて大きめにくずし、マヨネーズを加えてまぜる。

2 にんじんはスライサー(p.12参照)でせん切りにする。

3 食パンにバターを塗り、パン1枚に1を広げ、焼き豚、2を重ねて、もう1枚の食パンをのせる。

4 3をオーブンシートにのせ、ギュッと押さえながら包む。両端をねじってしっかりとめておき、なじませる（時間があれば20〜30分おくとよい）。

5 シートごと、半分に切る。

10分 574 kcal 85円

POINT

しっかり包み込めばたっぷりの具も安定

具だくさんのサンドは、はさむだけではこぼれやすい。オーブンシートを折りながらギュッと包むと、しっかりサンドできる。

野菜たっぷりの サブおかず＆スープ

ほくほく

8分 | 197 kcal | 73円

★☆

3色ナムル

ゆでずに"レンチン"で作る彩りあざやかなサブおかず

POINT

ほうれんそうは 冷凍なら手間いらず

冷凍タイプのほうれんそうは、
電子レンジで加熱するだけ。
ゆでる手間も省けます。

材料／1人分

冷凍ほうれんそう……… 100g
にんじん、えのきだけ
　………………………… 各50g

A ┌ ごま油………… 小さじ1
　│ 塩、こしょう、砂糖
　└ ………………………… 各少々
いり白ごま………………… 少々

作り方

1 冷凍ほうれんそうは凍ったまま、耐熱容器に広げながら入れ、ラップはせずに電子レンジで2分30分加熱する。

2 にんじんはスライサーで細切りにする。えのきは根元を落とし、長さを半分に切る。それぞれラップで包み、いっしょに電子レンジで1分30秒加熱する。

3 1のほうれんそうをボウルに入れ、Aの1/3量を加えてあえる。2のにんじん、えのきも同じように残りのAであえる。器にそれぞれ盛り、ごまを振る。

★☆

トマトときゅうりのサラダ

それぞれに合う味つけをして盛り合わせ

材料／1人分

トマト·········小1個	きゅうり·········1本
A［ オリーブ油······小さじ½	塩·········少々
砂糖、塩、こしょう	B［ 酢·········大さじ1
·········各少々	オリーブ油···小さじ1
玉ねぎのみじん切り	塩、こしょう·····各少々
·········大さじ1	玉ねぎのみじん切り
	·········大さじ1

作り方

1 トマトはへたをとって一口大に切り、ボウルに入れ、**A**を順に加えてあえる。

2 きゅうりは皮を縞目にむき、8mm厚さの小口切りにして塩を振る。10分ほどおいて軽くもみ、洗って水けをしぼる。

3 **B**をまぜ合わせて**2**をあえ、**1**といっしょに器に盛り合わせる。

15分　111kcal　80円

★☆

ブロッコリーと豆のサラダ

大豆の水煮で作ってもおいしい！

材料／1人分

ブロッコリー·········80g	A［ マヨネーズ······大さじ1
ひよこ豆(水煮缶※)·····60g	レモン汁·········小さじ½
	おろしにんにく······少々
※蒸し煮タイプ缶を使ってもよい。	玉ねぎのみじん切り
	·········大さじ1
	こしょう·········少々

作り方

1 ブロッコリーは小房に分ける。なべにたっぷりの湯を沸かして色よくゆで、ざるに上げて湯をきりながら冷ます。

2 ひよこ豆は缶汁をきる。**A**はまぜ合わせる。

3 ブロッコリーとひよこ豆を合わせて、**A**であえる。

10分　203kcal　160円

★☆

キャベツの
ウスターソースいため

スパイシーなウスターソースがいため物に合う!

<u>材料／1人分</u>

キャベツ	100g	塩	少々
ウスターソース	大さじ½	サラダ油	小さじ1

<u>作り方</u>

1 キャベツは一口大に切る。

2 フライパンにサラダ油を入れて熱し、キャベツをいためる。

3 油が全体に回ったら、ソースを加えてよくまぜ、塩で味をととのえる。

5分 ／ 65 kcal ／ 20円

★☆

ほうれんそうのおひたし

食感よく、手早くゆでるのがおいしさのコツ

<u>材料／1人分</u>

ほうれんそう	100g	B[しょうゆ、みりん	各小さじ1弱
A[しょうゆ、だし	各大さじ½	だし	大さじ½
		削り節	適量

<u>作り方</u>

1 ほうれんそうは根を切りとり、下部の太いものは根元に十文字の切り込みを入れる。

2 なべにたっぷりの湯を沸かし、**1**を根元から入れてさっとゆでる。すぐに冷水にとり、根元をそろえて水けをきつくしぼる。

3 **2**に**A**を振りかけて軽くしぼり、5cm長さに切って**B**であえる。器に盛り、削り節をのせる。

10分 ／ 45 kcal ／ 50円

15分 / 52 kcal / 40円

★☆

小松菜とにんじんのつや煮

仕上げにからめたバターの風味で箸がすすむ

材料／1人分

| 小松菜 | ⅛束 (80g) |
| にんじん | ¼本 |

A
スープ (市販のコンソメなど	
を利用)	大さじ2⅓
砂糖	小さじ½
塩、こしょう	各少々
バター	小さじ½

作り方

1 小松菜は食べやすい長さにざく切りにし、にんじんは拍子木切りにする。

2 なべにAを入れて強火で煮立て、にんじんをやわらかく煮て、小松菜を加える。しんなりしたらバターを加えてよくまぜ、つやよく仕上げる。

5分 / 34 kcal / 50円

★☆

ザーサイと小松菜のいため物

ラーメンやどんぶりの具にしてもおいしい、しっかり味

材料／1人分

ザーサイ (味つき)	15g	塩、こしょう	各少々
小松菜	⅛束	ごま油	小さじ½
酒	小さじ½		

作り方

1 ザーサイは食べやすい大きさに切る。小松菜は4〜5cm長さに切る。

2 フライパンを強火にかけてごま油をひき、1をいため合わせる。

3 しんなりしたら酒を振ってさっといためまぜ、塩、こしょうで味をととのえる。

★☆
チンゲンサイのじゃこあえ

香ばしいカリカリじゃこがアクセント！

材料／1人分

チンゲンサイ	1株	酢	小さじ1
ちりめんじゃこ	5g	ごま油	小さじ½
しょうゆ	大さじ½		

作り方

1 なべにたっぷりの湯を沸かし、チンゲンサイをまるごと色よくゆで、すぐに冷水にとって冷まし、水けをしぼる。

2 **1**の白い茎は根元から3〜4㎝長さに切り、縦半分に切ってさらに縦に5〜6㎜幅に切る。葉は3㎝長さに切る。

3 じゃこはざるに入れて熱湯をかけ、湯をきる。

4 フライパンを中火にかけてごま油をひき、**3**をカリカリにいため、しょうゆ、酢を加えすぐに火を止め、**2**を加えてあえる。

| 10分 | 44 kcal | 60円 |

★☆
にらの納豆あえ

疲れた体におすすめしたい、栄養満点の一品

材料／1人分

にら	½束	納豆(小粒)	½パック(25g)
A だし	小さじ1弱	しょうゆ	小さじ1
A しょうゆ	小さじ1弱	みりん	小さじ½

作り方

1 にらは根元をそろえて輪ゴムでとめる。

2 なべにたっぷりの湯を沸かし、**1**を根元から入れてさっとゆでる。すぐに冷水にとって冷まし、水けをきつくしぼる。

3 輪ゴムをはずして2㎝長さに切り、**A**をからめ、汁けを軽くしぼる。

4 納豆にしょうゆとみりんを加えてよくまぜ、**3**をあえる。

| 10分 | 75 kcal | 50円 |

★☆
アスパラのごまあえ

焼きつけたアスパラの甘さを召し上がれ!

材料／1人分

グリーンアスパラガス … **5本**

A [**しょうゆ** …… **小さじ1弱**
みりん …… **小さじ1弱**
だし …… **大さじ½**]

切り白ごま※ …… **5g**

※切りごまは、いったごまを乾いたふきんの上でざくざくと切ったもの。手に入らなければ、すりのごまを利用しても。

作り方

1 アスパラは根元のかたい部分を1〜2cm切り落とす。

2 焼き網(または魚焼きグリルやオーブントースター)を熱して**1**を並べ、転がしながら焼き、焼き色がついたら4〜5cm長さに切る。

3 **A**を合わせてごまを加え、よくまぜ合わせて**2**をあえる。

10分 67kcal 80円

★☆
アスパラのおかかあえ

さっとゆでたら、おかかをパッとあえて完成

材料／1人分

グリーンアスパラガス … **80g**

A [**しょうゆ** …… **小さじ1弱**
だし …… **大さじ½**
みりん …… **小さじ1弱**]

削り節 …… **適量**

作り方

1 アスパラは根元のかたい部分を1〜2cm切り落とし、長さを2等分してから縦半分に切る。

2 **A**はまぜ合わせる。

3 なべに湯を沸かして**1**をさっとゆで、ざるに上げて湯をきり、あたたかいうちに**A**であえて味をなじませる。

4 器に盛り、削り節を散らす。

5分 37kcal 80円

★☆

ピーマンのこしょうあえ

焼き豚のかわりにハムで作ってもおいしい!

材料／1人分

ピーマン	2～3個	塩、こしょう	各少々
焼き豚(市販)	30g	ごま油	少々

作り方

1 ピーマンは縦半分に切ってへたと種をとり、縦に7～8mm幅の細切りにする。

2 焼き豚は、ピーマンに合わせて細切りにする。

3 なべに湯を沸かし、**1**をさっとゆでて湯をきる。

4 熱いうちに**2**と合わせ、塩、こしょう、ごま油であえる。

| 10分 | 72kcal | 50円 |

★☆

絹さやとにんじんのごま酢あえ

あえ衣に加えた酢でさっぱり食べられる

材料／1人分

絹さや	25g		
にんじん	50g		

A
しょうゆ	大さじ½
酢	大さじ½
砂糖	小さじ½
すり白ごま	大さじ1

作り方

1 絹さやは筋をとる。

2 にんじんは1cm幅で3～4cm長さの短冊切りにする。

3 なべに湯を沸かして**1**と**2**をいっしょにさっとゆで、ざるに上げて湯をきり、冷ます。

4 Aをまぜ合わせて**3**をあえる。

| 10分 | 86kcal | 40円 |

★☆

にんじんのマスタードあえ

粒マスタードのマイルドな酸味と辛みが合う!

材料／1人分

にんじん	50g

A
粒マスタード	大さじ1
しょうゆ	小さじ½
砂糖	少々

作り方

1 にんじんは4㎝長さの細切りにし、熱湯でさっとゆで、ざるに上げてしっかり湯をきり、冷ます。

2 Aをまぜ合わせて1をあえる。

10分　66kcal　20円

★☆

大根サラダ

削り節とごま油のうまみでたっぷり食べられる

材料／1人分

大根	100g
ラディッシュ	1個

A
しょうゆ	小さじ1
酢	大さじ1
こしょう	少々
ごま油	大さじ½
削り節	適量

作り方

1 大根は繊維に沿ってせん切りにする。

2 ラディッシュは葉をとって薄い輪切りにする。

3 1と2は別々に冷水につけて7〜8分おき、パリッとしたら水けをよくきる。

4 器に盛り合わせて削り節をのせ、食べる直前によくまぜ合わせたAをかける。

15分　85kcal　20円

じゃがいもの酢の物

じゃがいもはさっとゆでて食感を大事に

材料／1人分

じゃがいも	1個(150g)	酢	大さじ1
青じそ	1枚	A しょうゆ	大さじ½
		だし	大さじ½

作り方

1 じゃがいもは薄い輪切りにしてからせん切りにし、たっぷりの水に7〜8分さらして水けをきる。青じそは軸を切りとってせん切りにする。

2 なべにたっぷりめの湯を沸かしてじゃがいもを入れ、色が変わる程度にさっとゆでる。ざるに上げて湯をきり、すぐに水にとって手早く冷まし、水けをきる。

3 **A**をまぜ合わせて**2**をあえ、器に盛って青じそをのせる。

15分 ／ 113kcal ／ 30円

じゃがいものカレーいため

スパイシーなカレーの風味がじゃがいもにマッチ!

材料／1人分

じゃがいも	1個(150g)	塩	少々
カレー粉	小さじ¼	サラダ油	小さじ1弱

作り方

1 じゃがいもは少し厚めの輪切りにしてから細切りにし、たっぷりの水に7〜8分さらして水けをきる。さらにふきんに包んで軽く振り、水けをしっかりきる。

2 フライパンを中火にかけてサラダ油をひき、**1**をいためる。焼き色がついたらカレー粉を振り入れ、色ムラがないようによくいため、塩で味をととのえる。

15分 ／ 140kcal ／ 20円

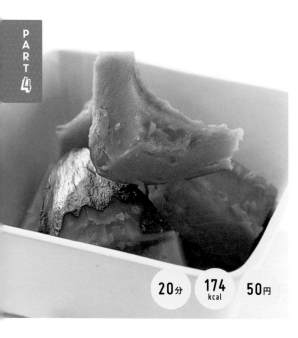

★★
かぼちゃの含め煮
だしとしょうゆだけでできる "おふくろの味"

材料／1人分

かぼちゃ	200g
だし	1カップ
しょうゆ	大さじ½

作り方

1 かぼちゃはスプーンで種とわたをくりぬき、切り口を下にして安定よくおき、ところどころ皮を削るようにしてむきとり、4〜5cm角に切る。

2 フライパンにだし、しょうゆを入れて強火で煮立て、1を並べて落としぶた（p.28参照）をし、さらにふたをして煮る。

3 再び煮立ったら弱火にし、かぼちゃがやわらかくなるまで15分ほど煮る。

20分 / 174kcal / 50円

★★
かぼちゃのヨーグルトサラダ
デパ地下の人気おしゃれサラダを簡単手作り！

材料／1人分

かぼちゃ	100g	プレーンヨーグルト（無糖）
A［ 塩、こしょう	各少々	50g
砂糖	小さじ½	アーモンドスライス
		（ロースト） 少々

作り方

1 かぼちゃはスプーンで種とわたをくりぬき、切り口を下にして安定よくおき、ところどころ皮を削るようにしてむきとり、一口大に切る。

2 なべに湯を沸かして1をやわらかくゆでる。ざるに上げて湯をきり、熱いうちにAで下味をつけて冷ます。

3 2をヨーグルトであえ、器に盛ってアーモンドを散らす。

※下味にナツメグ（甘い香りの香辛料）少々を加えると、風味がよくなる。

20分 / 119kcal / 50円

簡単蒸しなす

電子レンジでチンするだけのお手軽メニュー

材料／1人分

なす ……………………… 1個
おろししょうが …… ½かけ分

A ┌ だし ………… 大さじ½
　├ しょうゆ ……… 大さじ½
　└ みりん ……… 小さじ1弱

作り方

1 なすはへたを切り落とし、皮を縞目にむく。ラップで包んで電子レンジで1分30秒〜2分30秒加熱し、ラップをしたまま冷めるまでおく。

2 冷めたらラップをはずし、2cm厚さの輪切りにして器に盛る。しょうがをのせ、Aをまぜ合わせてかける。

10分 ／ 40kcal ／ 40円

★☆

なすのみそいため

ごま油香るピリ辛の甘みそ味でごはんがすすむ！

材料／1人分

なす ……………………… 2〜3個
赤とうがらし …………… ½本

A ┌ だし ………… 大さじ1⅔
　├ 酒 …………… 大さじ1
　├ 砂糖 ………… 大さじ1
　└ みそ ………… 大さじ1
ごま油 …………… 大さじ½

作り方

1 なすはへたを切り落とし、皮を縞目にむいて乱切りにする。

2 赤とうがらしは種をとり、2〜3つにちぎる。

3 Aはみそをだしでときのばし、ほかの調味料を入れてまぜる。

4 フライパンを中火にかけてごま油をひき、**1**と**2**をいためる。なすに焼き色がついたら**3**を加え、汁けがなくなるまで煮からめる。

15分 ／ 176kcal ／ 70円

★☆

エリンギとねぎのサラダ

きのことねぎはこんがり焼いてうまみを凝縮

材料／1人分

エリンギ	1本(80g)		オリーブ油	大さじ½
ねぎ	½本	A	酢	大さじ1
			塩、あらびきこしょう	
				各少々

作り方

1 エリンギは石づきを切り落とす。ねぎは長さを2つに切る。

2 焼き網（または魚焼きグリルやオーブントースター）を熱して、1をしんなりするまで焼く。

3 エリンギは手で縦に裂き、ねぎは斜め切りにし、まぜ合わせたAであえる。

(15分) (87 kcal) (40円)

★☆

焼きねぎの梅肉あえ

シンプルな組み合わせなのにあと引くおいしさ

材料／1人分

ねぎ	1.5本		梅干し	1個
		A	みりん	少々
			しょうゆ	少々
			ごま油	少々

作り方

1 Aの梅干しは種を除き、包丁でこまかくたたいてなめらかなペースト状にし、残りの調味料で味をととのえる。

2 ねぎは焼き網（または魚焼きグリルやオーブントースター）にのる長さに切って、こんがりと焼き目をつけて焼き、斜め切りにする。

3 2を1であえる。

(10分) (48 kcal) (70円)

★☆

にらとねぎのスープ

疲れた体におすすめのクイックお手軽スープ

材料／1人分

にら	¼束
ねぎ	¼本

A
固形スープ	½個
湯	¾カップ

塩、こしょう ……… 各少々

作り方

1 にらは3〜4cm長さに切る。ねぎは斜め切りにする。

2 なべにAを入れて固形スープを強火で煮とかし、1を加えてさっと煮る。

3 しんなりしたら、塩、こしょうで味をととのえる。

5分　16kcal　25円

★☆

かぼちゃとベーコンのスープ

ベーコンがうまみのもとに。食物繊維もたっぷり

材料／1人分

かぼちゃ	80g
ベーコン	1枚

A
固形スープ	¼個
湯	¾カップ

塩、こしょう ……… 各少々

作り方

1 かぼちゃはスプーンでわたと種をくりぬき、皮つきのまま5〜6mm厚さの一口大に切る。ベーコンは2cm幅に切る。

2 なべにAを入れて固形スープを強火で煮とかし、1を加えて煮る。

3 かぼちゃがやわらかくなったら、塩、こしょうで味をととのえる。

15分　130kcal　50円

マッシュルームのミルクスープ

まろやかでコクのあるスープで体もホカホカ

10分 / 70kcal / 150円

材料／1人分

マッシュルーム (生)	┈┈┈	**4個**
ねぎ	┈┈┈	**½本**
牛乳	┈┈┈	**¼カップ**

A［ 固形スープ ┈┈┈ **¼個**
　　 湯 ┈┈┈ **½カップ**
　　塩、こしょう ┈┈┈ **各少々**
　　サラダ油 ┈┈┈ **小さじ½**

作り方

1 マッシュルームは石づきをとって汚れをさっと洗い流し、5mm厚さに切る。ねぎは2cm長さに切る。

2 なべを中火にかけ、サラダ油をひいて熱し、**1**をいためる。しんなりしたら**A**を加えて3〜4分煮て、固形スープを煮とかす。あればローリエ(p.69参照)½枚を加える。

3 牛乳を加え、軽く煮立ったら、塩、こしょうで味をととのえる。

豚肉ときゅうりのキムチスープ

キムチのうまみがとけ込むあっさりスープ

15分 / 86kcal / 70円

材料／1人分

豚もも薄切り肉	┈┈┈	**25g**
きゅうり	┈┈┈	**¼本**
白菜キムチ (汁ごと)	┈┈┈	**約50g**

A［ 固形スープ ┈┈┈ **¼個**
　　 湯 ┈┈┈ **¾カップ**
　　 酒 ┈┈┈ **大さじ½**
　　塩、こしょう ┈┈┈ **各少々**

作り方

1 豚肉は2cm幅に切る。きゅうりは皮を縞目にむき、縦半分に切って、斜め薄切りにする。キムチは食べやすく切る。

2 なべに**A**を入れて火にかけて固形スープをとかす。煮立ったら肉を加えて火が通るまで煮て、アクをとる。

3 キムチ、きゅうりを加えてひと煮立ちさせ、塩、こしょうで味をととのえる。

★☆

大根とにんじんのみそ汁

2種の常備野菜で食べごたえのある汁物に

材料／1人分

大根	50g	だし	¾カップ
にんじん	¼本	みそ	小さじ1.5

作り方

1 大根、にんじんは3cm長さで1cm幅の短冊切りにする。

2 なべにだしを入れて強火にかけ、1を加えてやわらかく煮る。

3 みそを2のだしでときのばして加え、煮立つ直前に火を止める。

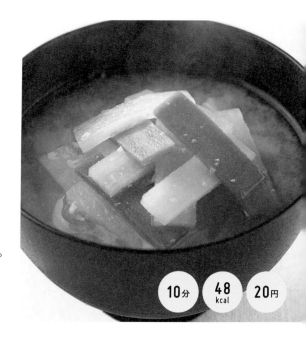

10分　48kcal　20円

★☆

小松菜と麩のみそ汁

乾物と火の通りのいい青菜でパパッと1品!

材料／1人分

小松菜	50g	だし	¾カップ
麩	5g	みそ	小さじ1.5

作り方

1 小松菜は3〜4cm長さに切る。麩は水につけてもどし、水け
　をしぼる。

2 なべにだしを入れて強火にかけ、煮立ったら1を加えてさっと
　煮る。

3 みそを2のだしでときのばして加え、煮立つ直前に火を止める。

※写真の麩は庄内麩だが、好みの麩を使って。
　大きければ食べやすく切る。

10分　52kcal　30円

★☆

玉ねぎとじゃがいものみそ汁

野菜から出る深〜い甘みがほっとする味に

材料／1人分

玉ねぎ	1/4個	だし	3/4カップ
じゃがいも	1/2個	みそ	小さじ1.5

作り方

1 玉ねぎはくし形切りにする。じゃがいもは7〜8mm厚さのいちょう切りにし、水にさらして水けをきる。

2 なべにだしを入れて強火にかけ、じゃがいもを加えてやわらかく煮て、玉ねぎを加えてしんなりするまで火を通す。

3 みそを**2**のだしでときのばして加え、煮立つ直前に火を止める。

15分 95kcal 20円

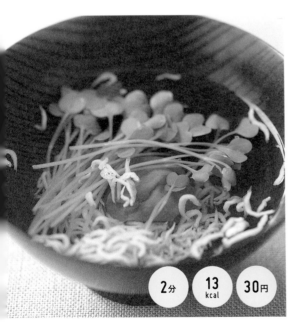

★☆

しらすの梅すまし汁

材料をお椀に入れて熱湯を注ぐだけのすぐでき汁

材料／1人分

しらす干し	大さじ1	貝割れ菜	少々
梅干し	1個	しょうゆ	少々

作り方

1 貝割れ菜は根元を切り落とす。

2 器にしらす、梅干し、**1**、しょうゆを入れ、熱湯3/4カップを注ぐ。

2分 13kcal 30円

Q 朝ごはん、何を食べたらいい？

A 3種類の栄養カテゴリーを バランスよく組み合わせて！

忙しい朝は、つい「菓子パンだけ」などということになりがち。でも、体に必要な栄養素をバランスよくとってほしいもの。簡単にとりたい日は、主食をシリアルにする、野菜が足りなければ甘みの強くない野菜ジュースを添えてみるなど、組み合わせで工夫してみてください（検見﨑先生）。

【 理想的な朝食の組み合わせ 】

主食	野菜	たんぱく質源
●ごはん ●パン ●めん類 ●シリアルなど	●野菜全般 ●プラスαで果物も	●肉 ●魚 ●卵 ●とうふなど

★☆

トマトスクランブルエッグ 野 た

煮詰めたトマトのコクでワンランク上のおいしさに

材料／1人分

トマト缶(カット)	100g
オリーブ油	大さじ½
塩、こしょう	各少々
卵	2個
ハーブミックス	少々

作り方

1 フライパンにトマトを入れ、中火にかける。まぜながら、ほとんど汁けがなくなるまで煮詰める。

2 オリーブ油、塩、こしょうを加え、卵を割りほぐして流し入れ、大きくまぜ、半熟状に火を通す。

3 器に盛り、ハーブミックスを振る。

POINT

トマトの汁けがとんだら卵を加える

トマトは煮詰めると、うまみが凝縮し、おいしさアップ。しっかり汁けをとばしてから、卵を流し入れる。

基本の朝ごはんセット

フライパンでできるからあと始末もラク!

フルーツヨーグルト (た) (果)
85kcal

プレーンヨーグルト100mlに
冷凍ラズベリー50gを
冷凍のまま加える。

ロールパン (主)
95kcal

ベビーリーフ (野)
4kcal

トマトスクランブルエッグ (野) (た)
226kcal

(15分) (410 kcal) (180円)

15分　466 kcal　80円

★☆
フレンチトースト　(主)(た)
しっとり甘い人気の味。熱々にシロップをかけて!

POINT
**パン全体に
卵液をしみ込ませる**
パンに卵液をしみ込ませるときは、上下をひっくり返しながら、全体にしっかりしみ込ませるとおいしさアップ。

材料／1人分

バゲット(フランスパン)……60g	
卵………………………1個	
牛乳……………………½カップ	
バター…………………大さじ1	
メープルシロップ、	
はちみつなど…………適量	

作り方

1 バゲットは3〜4cm厚さに切る。

2 ボウルに卵を割り入れて、ときほぐし、牛乳を加え、よくまぜる。

3 2に1をつけて7〜8分おく。途中で上下を返して、全体に卵液をしみ込ませる。

4 フライパンを中火にかけてバターを焦がさないようにとかす。

5 3の切り口を下にして4に並べ入れ、両面をこんがりと焼く。器に盛り、メープルシロップ、はちみつなどを添える。あればベビーリーフを添える。

| 10分 | 410 kcal | 80円 |

★☆

ピザトースト ⓘ主 ⓘ野 ⓘた

パンにいろいろのっけて3つの栄養素をこれ1枚で

POINT

トマトを塗れば野菜として食べられる

トマトを食パンに塗ると、市販のソースなどにくらべて塩分を含まず、野菜として料理に使える。

材料／1人分

食パン（6枚切り）……………	**1枚**
トマト缶（カット）…………	**大さじ3**
玉ねぎ………………………	**⅛個**
ウインナソーセージ……	**2本**(40g)
ピザ用チーズ………………	**20g**
ハーブミックス……………	**少々**
オリーブ油…………………	**小さじ1**

作り方

1 玉ねぎはみじん切りに、ソーセージは5mm厚さに切る。

2 食パンにトマトをじかに塗る。**1**、チーズをのせ、ハーブミックス、オリーブ油をかける。

3 オーブントースターで5〜6分、チーズがとけるまで焼く。

10分 382kcal 70円

★☆

わかめとじゃこの 卵ぞうすい ㊨野た

ちょっと体調がすぐれない日にも食べやすい

POINT

**じゃこの香ばしさを
いためて引き出す**

じゃこはごま油でいためる
と香ばしい風味が出て、あ
とを引くおいしさに。

材料／1人分

ごはん	150g（茶わん1杯分）
ちりめんじゃこ	5g
カットわかめ（乾燥）	2g
卵	1個
しょうゆ	小さじ1
塩、こしょう	各少々
ごま油	小さじ1

作り方

1 わかめは表示どおりに水でもどし、水けをきる。

2 なべにごま油、じゃこを入れて弱火でいためる。こんがりとしたら湯250mlを加える。

3 煮立ったら、ごはん、**1**を加える。再び煮立ったら弱火にし、2〜3分煮る。ごはんがふっくらしたら、しょうゆ、塩、こしょうで味をととのえる。中火に戻し、卵を割りほぐして流し入れ、ふんわりと火を通す。

パパッと手間なし！
2品献立

★☆

ひき肉のチーズ焼き
& もみレタスのサラダ

ひき肉をほぐさず焼いてボリュームおかずに！

| 20分 | 712 kcal | 168円 |

玉ねぎ
みじん切り

レタス
一口大にちぎる

ミニトマト
へたをとって半分に切る

材料／1人分

もみレタスのサラダ	89kcal	ひき肉のチーズ焼き	371kcal
レタス	150g	豚ひき肉	100g
A オリーブ油	大さじ½	塩、こしょう	各少々
A 塩	少々	玉ねぎ	¼個
ミニトマト	6個	ピザ用チーズ	20g
B 酢	大さじ1	オリーブ油	小さじ1
B ハーブミックス	少々	レモン、粒マスタード	各適量

ごはん　1人分　252kcal

3 玉ねぎ＆チーズをのせる

表面の色が変わったら返し、玉ねぎ、チーズをのせ、ふたをしてさらに3〜4分、チーズがとけるまで焼く。器に盛り、サブおかず、レモン、粒マスタードを添える。ごはんも添えて。

中

SUB ひき肉を焼いている間に作る

もみレタスのサラダ
レタスはボウルに入れ、**A**を加えて手でもみ、しんなりさせる。ミニトマトを加え、**B**を加え、菜箸でまぜる。

かさが減り、たっぷり食べられる！

1 肉に下味をつける

ひき肉はパックに入ったまま表面に塩、こしょうをする。

2 肉を焼く

フライパンにオリーブ油を中火で熱し、**1**をそのままあけ、塩、こしょうをし、ふたをして7〜8分焼く。

中

ひき肉はほぐさずに四角のまま！

ツナオムレツ

& レタスサラダ

形が失敗したらまぜてスクランブルエッグに！

10分 779 kcal 190円

レタス
食べやすくちぎる

クレソン
葉をつむ

材料／1人分

レタスサラダ	61kcal
レタス	2枚(50g)
クレソン	3本
ドレッシング(市販)	大さじ1

ごはん 1人分	252kcal
好みでごまを振る	

ツナオムレツ	466kcal
ツナ(オイル漬け)	小1缶
卵	2個
塩、こしょう	各少々
バター	大さじ1
トマトケチャップ	適量

3 卵の形をととのえる

強

卵の下面が固まってきたら、やわらかいうちにフライパンの向こう側に寄せる。オムレツの形にととのえ、下面に焼き色がついたら、ひっくり返してこんがりと焼く。器に盛り、ケチャップをかける。サブおかずとごはんを添える。

菜箸の先で
寄せながら
形をととのえて!

SUB 最後に作る

レタスサラダ
レタス、クレソンは洗って水けをよくきり器に入れ、ドレッシングをかける。

1 とき卵にツナをまぜる

ボウルに卵を割り入れ、菜箸で白身と黄身がだいたいまざる程度にときほぐし、塩、こしょうを加えてまぜる。缶汁をきって大きめにほぐしたツナを加え、さっくりとまぜ合わせる。

卵はまぜすぎない
のがコツ!

2 流し入れてまぜる

中 → 強

フライパンを中火にかけてバターを入れ、半分とけたら1を流し入れる。強火にして、手早く全体を大きく2〜3回まぜる。

バターを焦がさない
ように、この工程は
一気に手早く!

とうふステーキ
& いため野菜

食べごたえのあるとうふステーキ＆いため野菜でヘルシー！

| 15分 | 559 kcal | 130円 |

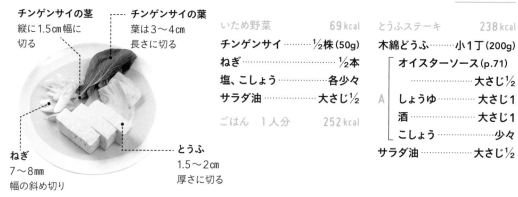

チンゲンサイの茎
縦に1.5cm幅に切る

チンゲンサイの葉
葉は3〜4cm長さに切る

ねぎ
7〜8mm幅の斜め切り

とうふ
1.5〜2cm厚さに切る

いため野菜	69kcal
チンゲンサイ	……1/2株 (50g)
ねぎ	……1/2本
塩、こしょう	……各少々
サラダ油	……大さじ1/2

ごはん　1人分	252kcal

とうふステーキ	238kcal
木綿どうふ	……小1丁 (200g)
A オイスターソース(p.71)	……大さじ1/2
しょうゆ	……大さじ1
酒	……大さじ1
こしょう	……少々
サラダ油	……大さじ1/2

3 合わせ調味料をからめる

Aをとうふにかけ、煮詰めながら全体にからめる。器に盛り、サブおかずとごはんを添える。

SUB とうふを焼く前に作る

いため野菜
フライパンを強火にかけ、サラダ油をひいて熱し、チンゲンサイの茎と葉、ねぎをいためる。しんなりしたら、塩、こしょうで味をつけてとり出す。

1 とうふを水きりする

とうふはキッチンペーパーにのせ、上からもキッチンペーパーをかぶせ、手で軽く押さえて水けをふきとる。

ここでAをまぜ合わせておく!

2 とうふを焼く

サブおかずをいためたフライパンをキッチンペーパーでさっとふいてサラダ油をひき、1を入れる。全体をこんがりと焼く。

サブをいためたフライパンを使いまわし!

★★

豚肉の小角煮
&たたききゅうりの中華あえ

時短調理で驚くおいしさの角煮に、さっぱり野菜を添えて

15分 | 670 kcal | 260円

たたききゅうりの中華あえ
32 kcal

きゅうり……………………1本

A［塩、こしょう………各少々
　　ごま油……………小さじ½

中華蒸しパン　1個　140 kcal

豚肉の小角煮　　　498 kcal

豚肉（カレー・シチュー用）…200g
酒…………………大さじ1
しょうゆ…………………大さじ2
砂糖……………………大さじ1
サラダ油…………………大さじ½

3 煮込む

中火にし、ときどき豚肉を転がしながら、煮汁がほとんどなくなるまで煮る。サブおかずとともに器に盛り、中華蒸しパンを添える。好みでねりがらしを添える。

中

1 全体を焼きつける

フライパンを強火にかけてサラダ油をひき、豚肉を入れて全体を焼きつける。とけ出た脂は、キッチンペーパーでふきとる。

強

中まで火が通っていなくてもOK

2 味つけして湯を加える

こんがりと焼き色がついたら酒を振りかけてざっとまぜ、しょうゆと砂糖を加えてしっかり味をからめる。湯¾カップを加え、焼きついたしょうゆと砂糖をとかして煮立たせる。

強

焦がさないように注意！

SUB　最初に作っておく

たたききゅうりの中華あえ
きゅうりは、水を入れたペットボトルなどで軽くたたいてひびを入れる。ひびに沿って手で食べやすい大きさに割り、Aをからめる。

豚肉の塩焼きのっけごはん

& とうふとねぎのスープ

肉汁とたれがしみたごはんにさっぱりスープが合う!

15分　688kcal　220円

ねぎ
斜め薄切り

しょうが
せん切り

豚ロース厚切り肉
脂身と赤身の境目に
2〜3㎝間隔で
短く切り込む

ねぎ(サブ)
斜め切り

とうふ(サブ)
2等分に切る

とうふとねぎのスープ	88 kcal
とうふ	小½丁(100g)
ねぎ	½本
固形スープ	½個
塩、こしょう	各少々

ごはん　1人分	252 kcal

豚肉の塩焼きのっけごはん	600 kcal
豚ロース厚切り肉	1枚
ねぎ	½本
しょうが	1かけ
A　酢	大さじ1
しょうゆ	大さじ½
砂糖	小さじ½
塩、あらびきこしょう	各少々
サラダ油	大さじ½

3 焼いてから蒸し焼き

強 → 中

焼く直前に、**2**の両面に塩、こしょうを振り、手で全体になじませる。サラダ油を強火で熱したフライパンで、両面をこんがりと焼く。中火にしてふたをし、4〜5分蒸し焼きにして中まで火を通す。食べやすく切り、器に盛ったごはんにのせ、**1**を汁ごとかける。サブおかずを添える。

蒸し焼きにするときはふたをして!

SUB　最初に作っておく

とうふとねぎのスープ
なべに湯1カップを強火で煮立て、固形スープをくずして加え、煮とかす。とうふとねぎを加えて再び煮立ったら、塩、こしょうで味をととのえる。

強

1 薬味だれを作る

ねぎ、しょうがはいっしょに水にさらす。4〜5分たったら水けをよくきり、**A**であえる。

水にさらして
辛みを抜く

2 たたいてのばす

豚肉がひと回り大きくなる程度に、全体を軽くたたいてのばす。たたくものは、水を八分目ほど入れた500㎖のペットボトルが最適。

強くたたき
すぎないように!

★★ チキンケチャップ照り焼き
& にらともやしいため

ふっくら蒸し焼き鶏肉を濃厚甘辛味で。野菜は薄味に

15分 ・ 708kcal ・ 200円

120

材料／1人分

もやし
さっと洗って
水けをきる

にら
5〜6cm長さに切る

鶏もも肉
焼き縮み防止に、皮にフォークで穴をあける。
両面に塩、こしょうを振り、手でよくもみ込む

にらともやしいため	82kcal
にら	50g
もやし	100g
塩、こしょう	各少々
サラダ油	大さじ½

ごはん　1人分	252kcal

チキンケチャップ照り焼き
374kcal

鶏もも肉	½枚(125g)
塩、こしょう	各少々
酒	大さじ1
A　トマトケチャップ	大さじ2
しょうゆ	大さじ1
おろしにんにく	少々
サラダ油	大さじ½

3 調味料Aをからめる

中

ふたをとり、Aをまぜ合わせながらかけ、全体に煮からめる。食べやすく切り、サブおかず、ごはんとともに盛る。

たれが両面に
からまればOK

1 皮から焼く

中

フライパンを中火にかけてサラダ油をひき、鶏肉の皮のほうを下にして入れて焼く。こんがりと焼き色がついたら、上下を返して焼く。

2 蒸し焼きにする

中

両面に焼き色がついたら、余分な脂をふきとり、酒を振ってすぐふたをする。中火で4〜5分蒸し焼きにして、中まで火を通す。

SUB　最初に作っておく

にらともやしいため
フライパンを強火にかけてサラダ油をひき、にらともやしをさっといためる。しんなりしたら、塩、こしょうで味をつける。

強

焼き豚と卵、ねぎのチャーハン
& レタスとごまのスープ

お店顔負けのパラリとしたチャーハンをおうちで。

10分 | 636 kcal | 180円

ねぎ
縦四つ割りにし、
1cm長さに切る

焼き豚と卵、ねぎのチャーハン
636kcal

あたたかいごはん
 …………200g（茶わん1杯強）
焼き豚 ……………………50g
ねぎ ………………………1本
卵 …………………………1個
しょうゆ ………………大さじ½
塩、こしょう ……………各少々
サラダ油 …………………大さじ1

レタスとごまのスープ　26kcal
レタス …………¼個（100g）
すり白ごま ………………少々
固形スープ ………………½個
塩、こしょう ……………各少々

焼き豚
1cm角に切る

3　味をつける

へらでごはんをくずし、ムラなくいためまぜ、塩、こしょうを振る。フライパンのまわりから、しょうゆをぐるりとたらし入れてジュッと焼き、全体をいためまぜる。サブおかずを添える。

強

まぜるときは、
へらで
切るようにして

1　具をいためて卵を加える

フライパンを強火にかけてサラダ油をひき、焼き豚とねぎを入れていためる。焼き豚がこんがりしたら、卵をときほぐして流し入れ、大きくまぜる。

強

卵を大きくまぜると
ふわふわに！

2　ごはんを加える

卵が半熟状になったら、ごはんをほぐして加える。

強

SUB　最初に作っておく

レタスとごまのスープ
なべに湯1カップと固形スープをくずして入れて強火で煮立て、レタスを食べやすくちぎって加え、ひと煮する。ごま少々を加え、塩、こしょうで味をととのえる。

強

料理にだんだん慣れたら…

魚介レシピにチャレンジ！

「扱いづらいかな」と思いがちな魚介のレシピも、意外と簡単にできますよ

材料／1人分

三つ葉
4cm長さに切る

大根
4cm長さに切り、
4〜5mm角の細切り

ぶり	1切れ
A しょうゆ	大さじ1
みりん	大さじ½
酒	大さじ1
サラダ油	大さじ½

つけ合わせ野菜

大根	100g
三つ葉	⅓束
塩、こしょう	各少々
サラダ油	大さじ½

3 調味料を焼きからめる

Aをまぜ合わせ、ぶりにかける。汁をスプーンでぶりにかけながら、照りよく煮詰めて味をなじませる。器に盛り、つけ合わせを添える。

中

フライパンを傾けて汁をすくいかける

つけ合わせは魚の前に調理

フライパンを強火にかけてサラダ油をひき、大根と三つ葉をさっといため、塩、こしょうで味をつけてとり出す。

強

1 ぶりを焼く

フライパンにサラダ油を強火で熱し、ぶりを入れる。縁の色が白く変わったら返し、こんがりと焼く。

強

この前につけ合わせをいため、そのフライパンを使う

2 脂をふきとる

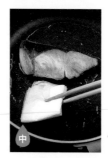

ぶりから出た脂はキッチンペーパーでふきとり、中火で3〜4分焼いて中まで火を通す。

中

くさみがある脂を除いてすっきり味に

★☆

ぶりで **ぶりの照り焼き**

フライパンでできるからあと始末もラク!

焼いてから甘辛だれを
からめればOK!

| 15分 | 386 kcal | 150円 |

MEMO

生クリーム

濃厚な風味がおいしさのもと。コーヒー用ではなく、料理・お菓子用の乳脂肪分が45%前後のものを選んで。

玉ねぎ
縦半分に切り、繊維に沿って5〜6mm幅の細切り

鮭
半分に切り、両面に塩、こしょう各少々を振る

生鮭	1切れ
玉ねぎ	1個
ホールコーン（缶詰）	50g
バター	大さじ½
酒	大さじ1
生クリーム	½カップ
塩、こしょう	各適量

3 生クリームを加えて煮詰める

生クリームを加えて強火にし、煮立ったら中火にする。煮汁がとろりとするまでまぜながら煮詰め、塩、こしょう各少々で味をととのえる。

強 → 中

> 煮詰めながらへらで底をこするようにまぜて

1 玉ねぎをいためて鮭を焼く

フライパンを中火にかけてバターを入れ、とけてきたら玉ねぎをしんなりするまでいためる。鮭を加えて、両面をこんがりと焼く。

中

> 玉ねぎは最初の段階で色づくほどいためない！

4 コーンを加える

缶汁をきったコーンを加えてまぜ、再び煮立ったら火を止める。

中

2 蒸し焼きにする

酒を振り入れてふたをし、蒸し焼きにして鮭の中まで火を通す。

中

★★

鮭で **鮭のクリーム煮**

淡泊な生鮭にクリームのコクが絶妙！

甘みのある野菜を
加えるとやさしい味に

15分 687kcal 250円

10分 | 405 kcal | 152円

※あさりの砂抜きの時間は含みません

★★

 あさりで **スパゲッティ ボンゴレ**

あさりから出るうまみとにんにくの風味がたまらない

POINT

あさりの砂出しは しっかりと！

あさりに砂が残っていると、ジャリッとして台なし。砂出しずみのものでも、使うまで砂をはかせて。

材料／1人分

スパゲッティ ……… 80g
あさり（殻つき）……… 200g
にんにく ………… ½かけ
白ワイン ……… 大さじ1
塩、こしょう …… 各少々
オリーブ油 …… 大さじ½
パセリのあらめのみじん切り
……………… 少々

作り方

1 あさりはバットなどに入れ、ひたひたの塩水（水1カップに塩小さじ1の割合〈分量外〉）を入れ、アルミホイルなどでふたをして冷蔵庫に入れて半日おき、砂をはかせる。殻どうしをこすりつけて洗い、水けをきる。

2 にんにくはみじん切りにする。

3 スパゲッティをゆで（p.33参照）、ざるに上げて湯をきる。

4 フライパンを弱火にかけてオリーブ油をひき、にんにくをいためる。香りが立ったらあさりを加えて中火にする。1～2分いためてワインを加え、ふたをする。フライパンをときどきゆすってあさりに火を通す。あさりの口があいたらスパゲッティを加えてまぜ、塩、こしょうで味をととのえる。

5 器に盛り、パセリを散らす。

PART.
6

友達をよんで、
楽しくおうちパーティー！

生春巻きでパーティー

おしゃれなアジアンテイストの手巻きでにぎやかに!

★★
生春巻き

自分で好きな具を巻いて
食べるとさらにおいしい！

| 20分 | 269 kcal | 200円 |

材料／3〜4人分

ライスペーパー (生春巻きの皮)	適量
豚ロース薄切り肉 (しゃぶしゃぶ用)	150g
スモークサーモン	8枚
はるさめ	40g
レタス	4〜5枚
ねぎ	1本
A ナンプラー (p.132参照)	大さじ1
砂糖	大さじ1
レモン汁	大さじ1
水	大さじ1
赤とうがらし	1本
にんにく	1かけ
スイートチリソース	適量

作り方

1 なべに湯を沸かして豚肉を入れ、色が変わったらすぐ冷水にとって手早く冷まし、水けをきる。

2 はるさめは熱湯をかけてもどし、湯をきって冷ます。長ければ食べやすく切る。

3 レタスはせん切りにする。ねぎは縦半分に切ってから斜め薄切りにし、水にさらして水けをきる。

4 Aの赤とうがらしは2〜3等分にちぎって種を抜き、にんにくはつぶして、Aのほかの材料とまぜ合わせる。

5 器に1とサーモン、2と3をとりやすく盛る。ライスペーパーはキッチンばさみで半分に切り、4、スイートチリソース、好みで香菜といっしょに添える。

食べるときは…

水でぬらして
もどしたライスペーパーで包む

ライスペーパー1枚を皿にのせ、霧吹きで水を吹きかけてぬらしてもどし、好みの具をとり合わせて包み、好みのソースをつけて。あれば香菜をいっしょに包むと、より風味が増します。

POINT

はるさめは
熱湯をかけてもどす

はるさめはたっぷりの熱湯をかけ、透明になったらざるに上げて湯をきる。固まったら、さっと水に通してほぐす。

薄い肉はさっとゆでで
冷水にとって

豚肉は、煮立った湯にまとめて入れ、手早くほぐす。火が通った肉から冷水（できれば氷水）にとって冷まし、水けをきる。

生春巻きのサイドディッシュ

にんじんのソムタム風
＆エスニックオムレツ

★☆
にんじんのソムタム風

ナンプラーの風味がきいた
ドレッシングであえるだけ！

（10分）（57kcal）（20円）

材料／3〜4人分

にんじん		1本(150g)
A	ナンプラー	大さじ1
	砂糖	大さじ1
	ライム汁	大さじ1
	にんにく	1かけ
	赤とうがらし	少々
	刻みピーナッツ	大さじ2

作り方

1 Aのにんにくはつぶし、赤とうがらしは種をとって刻み、Aのほかの材料とまぜ合わせる。

2 にんじんは4〜5cm長さの細切りにし、1であえる。

MEMO
ナンプラー

魚醤の一種。いわしやあじなどを食塩でつけ込み、熟成、ろ過し、濃厚なうまみが。ベトナムではニョクマムと呼ばれる。

★★
エスニックオムレツ

香り豊かな香菜を
たっぷりまぜ込んで

（10分）（173kcal）（55円）

材料／3〜4人分

豚ひき肉		100g
卵		4個
にんにく		2かけ
香菜		5〜6本
A	しょうゆ	大さじ1
	砂糖	大さじ½
サラダ油		大さじ1

作り方

1 香菜はこまかく刻む。にんにくはつぶしてからみじん切りにする。

2 卵は割りほぐして、1の香菜を加えまぜる。

3 フライパンを中火にかけてサラダ油をひき、にんにくとひき肉をいためる。ポロポロになったらAを加え、汁けがなくなるまでさらにいためる。

4 強火にして2を流し入れ、大きくまぜて表面を平らにし、中火にしてふたをし、こんがりと焼き上げる。

5 食べやすく切って器に盛り、香菜（分量外）を添える。

キムチなべでパーティー

ボリューム満点の絶品なべを
みんなでつついて心もホカホカに!

★★
キムチなべ

韓国風の辛いなべに
ホクホクの甘いじゃがいもがよく合う!

(30分)　(544 kcal)　(180円)

材料／3〜4人分

豚バラ薄切り肉	400g
じゃがいも	小4個
にら	2束
白菜キムチ(汁ごと)	200g
酒	¼カップ
しょうゆ	大さじ1
塩	少々
ごま油	小さじ2

作り方

1 豚肉は10cm長さに切る。キムチは大きければ食べやすく切る。

2 じゃがいもは半分に切り、水にさらして水けをきる。にらは4〜5cm長さに切る。

3 なべに湯4カップと酒を入れて強火で煮立て、豚肉をほぐし入れる。再び煮立ったら中火にしてアクをすくいとり、キムチを加える。

4 じゃがいもを加えて、やわらかくなるまで20分ほど煮る。しょうゆ、塩、ごま油で味をととのえ、にらを加えてひと煮する。とり分けて食べる。

POINT

**肉のアクをとり除き
雑味なしのキムチ味に**

豚肉を煮て浮いてくるアクをていねいに除いてからキムチを加え、煮汁に味をとけ込ませる。

**ほっくりじゃがいもに
煮汁をよく煮含めて**

キムチ味の煮汁でじゃがいもをよく煮込み、ほっくりと。じゃがいもは大きく切ったほうがおいしい。

★★
焼きおにぎり

こんがりと香ばしい焼き目が
フライパンでできる!

15分　434kcal　50円

材料／3〜4人分

あたたかいごはん ……米3カップ分(炊飯器用で)
しょうゆ ………………………………適量

作り方

1 ごはんは小さめのおにぎりにする。

2 フライパンを中火にかけて**1**を並べ、両面
をこんがりと焼く。しょうゆをハケなどで
塗り、乾く程度に焼き上げる。

★☆
もやしとにんじんのナムル

ごま油と薬味野菜の風味で野菜がいっぱい食べられる

10分　37kcal　10円

材料／3〜4人分

もやし………………………1袋(200g)
にんじん……………………1本(150g)
A ｜ しょうがのみじん切り
　　………………1かけ分
　　ねぎのみじん切り …20cm分
　　塩、こしょう ………各適量
　　砂糖 ………………小さじ2
　　しょうゆ …………小さじ4
　　ごま油 ……………小さじ2

作り方

1 もやしはひげ根とあれば豆殻をとり、熱湯でゆでて湯をきる。

2 にんじんは4〜5cm長さの細切りにし、熱湯でさっとゆでて湯をきる。

3 **1**と**2**の水けがしっかりきれたら、それぞれの半量ずつを加えてあえる。

Party 3

ひき肉の のし焼きでパーティー

ひき肉で"焼き肉"ができる！
アイディア勝負の手軽なごちそう

★☆

ひき肉ののし焼き

平たく焼いてカットして巻いてパクリ！

材料／3〜4人分

豚ひき肉	…………………	400g
A	ねぎのみじん切り	½本分
	しょうがのみじん切り	1かけ分
	しょうゆ	大さじ1
	塩	ひとつまみ
	砂糖	大さじ1
	酒	大さじ1
	こしょう	少々
	半ずり白ごま	大さじ2
サンチュ	…………………	適量
きゅうり	…………………	1本
セロリ	…………………	1本
ねぎ	…………………	1本
コチュジャン（→p.139）	………	適量
半ずり白ごま	…………………	適量
ごま油	…………………	大さじ1

食べるときは…

**野菜とコチュジャンとともに
サンチュで包んで！**
サンチュを皿にのせ、のし焼きと
野菜類を適量のせ、コチュジャン
を少量塗り、白ごまを振って包ん
で召し上がれ。サンチュがなけれ
ば、サラダ菜やレタスでもOK。

20分　331kcal　180円

★☆

いかの韓国風あえ物

刺し身いかにピリ辛だれをあえて
おしゃれにサーブ

| 5分 | 49 kcal | 100円 |

材料／3〜4人分

いかの刺し身 …………… 12切れ

A
- コチュジャン ……… 大さじ1
- しょうゆ ………… 小さじ1
- おろしにんにく ……… 少々
- ごま油 …………… 小さじ1

作り方

1 いかは長さを半分に切る。

2 Aをまぜ合わせて**1**をあえ、器に盛る。

MEMO

コチュジャン
韓国調味料で、とうがらしみそのこと。焼き肉のたれ、
ビビンバ、あえ物など、家庭料理に使われる。

作り方

1 ボウルにひき肉とAを入れ、粘りが出るまでよ
くまぜ合わせる。

2 フライパンを中火にかけ、ごま油をひいて熱し、
油をよくなじませる。火からおろして**1**を広げ
入れ、ふたをして中火にかけ、7〜8分蒸し焼き
にして中まで火を通す。

3 きゅうりは4〜5cm長さの細切りにする。セロ
リは筋をとり、きゅうりに合わせて細切りにする。
ねぎは縦半分に切ってから斜め薄切りにし、水
にさらして辛みを抜き、水けをきる。

4 **2**が焼き上がったら、フライパンの中で、包み
やすい大きさにへらで切り分け、**3**、サンチュ、
コチュジャン、ごまを添えて盛る。

POINT

**薬味野菜と調味料は
肉にムラなくまぜる**

味にムラが出ないように、
ひき肉に薬味野菜と調味料
をよくまぜ合わせる。手で
つかむようにしてまぜると
早い。

**肉を手で広げるときは
フライパンの火に注意**

フライパンは必ず火からお
ろし、ひき肉を一面に広げ、
表面を平らにならす。火に
かけたままだとやけどの心
配が。

お酒にもよく合う！ 10分おつまみ

10分 / 74 kcal / 80円

10分 / 161 kcal / 40円

5分 / 58 kcal / 60円

★☆
刺し身の
薬味あえ

ひらめなどの新鮮な白身魚でもおいしい

材料／3〜4人分

たいの刺し身	12切れ
ねぎ	½本
しょうが	1かけ
A 塩、こしょう	各少々
A ごま油	小さじ1

作り方

1 ねぎは縦半分に切ってから斜め薄切りにし、水にさらして辛みを抜き、水けをよくきる。しょうがはみじん切りにする。

2 刺し身と1を合わせてAであえる。

★☆
鶏肉のサテ風

ケチャップとカレー風味の焼き鳥

材料／3〜4人分

鶏もも肉	1枚 (250g)
A しょうゆ	大さじ½
A カレー粉	小さじ1
A トマトケチャップ	大さじ1
サラダ油	大さじ1

作り方

1 鶏肉は2〜3cm角に切り、Aをかけて手でもみ込む。

2 フライパンを中火にかけてサラダ油をひき、1を並べ入れて両面をこんがりと焼き、中まで火を通す。

3 焼き上がったら、竹ぐしに刺す。

★☆
トマト、オリーブ、
チーズのあえ物

ワインにもよく合うイタリアン風の前菜

材料／3〜4人分

トマト	1個
ブラックオリーブ	4個
モッツァレラチーズ	50g
A 塩、こしょう	各少々
A オリーブ油	大さじ½

作り方

1 トマトはへたと種を除き、1cm角に切る。オリーブは横半分に、チーズは1cm角に切る。

2 1をAであえる。

ブラックオリーブは缶詰またはびん詰めを使って！

ゲストにパッと気のきいた1品を出せるのが、もてなし上手。
そんなときにぴったりの小さなおかずをマスターしましょう。

PART 6

10分 | 91kcal | 40円

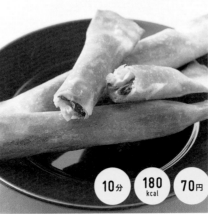

10分 | 180kcal | 70円

10分 | 36kcal | 20円

★★
ささ身の
キムチマヨ焼き

まろやかな辛さでささ身をおいしく!

材料／3〜4人分

鶏ささ身（筋なし）……………	3本
白菜キムチ………………………	30g
マヨネーズ………………………	大さじ2
塩、こしょう……………………	各少々
サラダ油…………………………	大さじ½

作り方

1 キムチはこまかく刻んでマヨネーズとまぜる。

2 ささ身は一口大のそぎ切りにして、両面に塩、こしょうで下味をつける。

3 フライパンを中火にかけてサラダ油をひき、2を並べ入れて両面を焼く。中まで火が通ったら、肉の上に1をたれないようにのせ、ふたをして30〜40秒蒸し焼きにする。

★★
クリームチーズと
万能ねぎの揚げ春巻き

少ない油で揚げ焼きすれば簡単!

材料／3〜4人分

クリームチーズ		春巻きの皮	
	80g		小8枚
万能ねぎ	16本	小麦粉……	少々
		サラダ油…	適量

作り方

1 クリームチーズは細長く8等分に切る。万能ねぎは10cm長さに切る。

2 春巻きの皮を広げ、周囲に水少々でといた小麦粉を塗り、手前に1を⅛量ずつのせてクルクルと巻き、両端を指でつまんでしっかりはり合わせる。

3 フライパンを中火にかけてサラダ油を1cm深さに入れ、2を転がしながら全体がこんがり色づくまで揚げ焼きにする。

★☆
焼き油揚げと
三つ葉のおかかあえ

香ばしい油揚げと三つ葉の居酒屋風おかず

材料／3〜4人分

油揚げ………………………………	1枚
三つ葉……………………………	⅓束
削り節……………………	1パック(5g)
しょうゆ…………………………	大さじ½

作り方

1 油揚げは熱湯をかけて油抜きし、水けをふく。魚焼きグリルまたはフライパンで両面をこんがりと焼き、横半分に切って、端から細切りにする。

2 三つ葉は2〜3cm長さに切る。

3 1と2を合わせてしょうゆを振り、削り節を加えてあえる。

かぼちゃとベーコンのスープ……100
かぼちゃの含め煮 ……………………97
かぼちゃのヨーグルトサラダ………97

●絹さや
絹さやとにんじんの
　ごま酢あえ ……………………… 94

●きのこ類
厚揚げときのこの
　オイスターソースいため………70
エリンギとねぎのサラダ ………… 99
3色ナムル …………………………88
マッシュルームのミルクスープ
　…………………………………… 101

●キャベツ
キャベツのウスターソースいため
　…………………………………………90
ソーセージと大切り野菜のポトフ
　…………………………………………68
チキンと野菜のハーブ蒸し………58
豚肉、キャベツ、ねぎのみそいため
　…………………………………………60

●きゅうり
たたききゅうりの中華あえ……… 116
トマトときゅうりのサラダ ………89
豚肉ときゅうりのキムチスープ… 101

●グリーンアスパラガス
アスパラのおかかあえ …………93
アスパラのごまあえ …………93

●小松菜
小松菜とにんじんのつや煮 …91
小松菜と麩のみそ汁 …………102
ザーサイと小松菜のいため物……91

●じゃがいも
じゃがいものカレーいため ……… 96
じゃがいもの酢の物 ……………… 96
玉ねぎとじゃがいものみそ汁……103
肉じゃが …………………………74
豚ひきとポテトのグラタン ………85
ポテトサラダ ……………………85

とうふとベーコン、にんじんの
　チャンプルー……………………76
焼き豚と卵、ねぎのチャーハン…122

魚介

●魚
鮭のクリーム煮………………126
ぶりの照り焼き ……………………124

●貝類
スパゲッティ ボンゴレ…………128

●刺し身
いかの韓国風あえ物 ………139
刺し身の薬味あえ …………140

●その他
しらすの梅すまし汁 ………103
生春巻き…………………………130

卵・とうふ・その他

●卵
味つけ卵…………………………86
エスニックオムレツ …………132
卵サンド ……………………86
ツナオムレツ …………………112
トマトスクランブルエッグ ………104
焼き豚と卵、ねぎのチャーハン……122

●とうふ
とうふステーキ …………………… 114
とうふとねぎのスープ……………118
とうふとベーコン、にんじんの
　チャンプルー …………………76
肉どうふ ………………………80

●大豆製品
厚揚げときのこの
　オイスターソースいため………70
にらの納豆あえ …………………92
焼き油揚げと三つ葉のおかかあえ
　…………………………………… 141

野菜

●かぼちゃ

INDEX
材料別さくいん

掲載メニューを、使用する主な材料から
引けるようにまとめました。

肉

●鶏肉
クリームシチュー ………………… 66
ささ身のキムチマヨ焼き ……… 141
チキンケチャップ照り焼き ………120
チキンと野菜のハーブ蒸し………58
鶏肉ときゅうり、もやしのあえ物…83
鶏肉のサテ風 …………………140
鶏肉のヨーグルトカレーソテー …83
ひと口チキンソテー マヨソース …62
蒸し鶏…………………………82

●豚肉
キムチなべ …………………… 134
豚汁 ……………………………78
豚薄切り肉のトマトカレー …… 64
豚肉、キャベツ、ねぎのみそいため
　…………………………………………60
豚肉ときゅうりのキムチスープ… 101
豚肉の小角煮 …………………116
豚肉の塩焼きのっけごはん ……… 118
豚肉のしょうが焼き ……………72
生春巻き…………………………130

●牛肉
肉じゃが …………………………74
肉どうふ ………………………80

●ひき肉
エスニックオムレツ …………132
ひき肉のチーズ焼き ………110
ひき肉ののし焼き …………138
豚ひきとポテトのグラタン ………85

●ハム・ソーセージなど肉加工品
かぼちゃとベーコンのスープ……100
ソーセージと大切り野菜のポトフ
　…………………………………………68

刺し身づけのっけ丼 …………………46
さつまいもときのこのリゾット …48
さばとごぼうの柳川丼 …………42
チキンの豆乳リゾット …………49
はるさめいための中華風まぜごはん
………………………………………50
豚肉の塩焼きのっけごはん ……116
焼きおにぎり …………………………136
焼き豚と卵、ねぎのチャーハン …122
わかめとじゃこの卵ぞうすい …108

●パスタ・めん
キャベツとアンチョビのパスタ …34
ジャージャーめん …………………41
スパゲッティ ボンゴレ …………128
ソーセージとアスパラのパスタ …36
卵とじにゅうめん …………………39
ツナとレタスのクリームパスタ …32
ナポリタン …………………………37
煮込みうどん …………………………38
ピーマンと牛肉の焼きそば ………40

●パン
ピザトースト …………………………107
フレンチトースト …………………106

市販のそうざい
うずら豆のドライカレー ……56
かき揚げの焼きそば …………54
ギョーザと白菜のスープ ………55
コロッケのまぜごはん …………52
とんカツのトマト煮 ……………53

焼きねぎの梅肉あえ ……………99

●ピーマン
ピーマンのこしょうあえ …………94

●ブロッコリー
ブロッコリーと豆のサラダ ………89

●ほうれんそう
ほうれんそうのおひたし …………90

●もやし
にらともやしいため …………120
もやしとにんじんのナムル …136

●レタス
もみレタスのサラダ …………110
レタスサラダ …………………112
レタスとごまのスープ …………122

●冷凍野菜・カット野菜
3色ナムル …………………………88

乾物・缶詰・漬物
●乾物
小松菜と麩のみそ汁 ……………102

●缶詰
ツナオムレツ …………………………112
トマトスクランブルエッグ ……104
ピザトースト …………………………107
ブロッコリーと豆のサラダ ………89

●漬物
キムチなべ …………………………134
ザーサイと小松菜のいため物 ……91
ささ身のキムチマヨ焼き …………141
豚肉ときゅうりのキムチスープ… 101

ごはん・めん・パン
●ごはん
親子丼 …………………………………44
きのこの炊き込みごはん …………51
キムチと豚肉のぞうすい …………47
牛丼 ……………………………………45
コロッケのまぜごはん ……………52

マッシュポテト …………………84

●大根
大根サラダ …………………………95
大根とにんじんのみそ汁 ………102
豚汁 …………………………………78

●玉ねぎ
玉ねぎとじゃがいものみそ汁……103

●チンゲンサイ
いため野菜 …………………………114
チンゲンサイのじゃこあえ ………92

●トマト
トマト、オリーブ、チーズのあえ物
………………………………………140
トマトときゅうりのサラダ ………89
豚薄切り肉のトマトカレー ……64

●なす
簡単蒸しなす ………………………98
なすのみそいため …………………98

●にら
にらとねぎのスープ ………………100
にらともやしいため …………120
にらの納豆あえ ……………………92

●にんじん
絹さやとにんじんの
　ごま酢あえ ……………………94
小松菜とにんじんのつや煮 ……91
3色ナムル ………………………88
大根とにんじんのみそ汁 ………102
とうふとベーコン、にんじんの
　チャンプルー …………………76
にんじんのソムタム風 …………132
にんじんのマスタードあえ ……95
もやしとにんじんのナムル ……136

●ねぎ
エリンギとねぎのサラダ ………99
クリームチーズと万能ねぎの
　揚げ春巻き ……………………141
にらとねぎのスープ ……………100

きょうはなにを
食べようかなぁ?

料理とアドバイス
検見﨑聡美
けんみざき・さとみ

管理栄養士、料理研究家。食材選びから手順まで簡単で、誰でもおいしく作れる家庭料理で人気。管理栄養士の立場から、ダイエットはもちろん、生活習慣病の予防や免疫力アップといった健康を考えた食事の提案に定評がある。『3つのおかずの組合せで作る!おいしいお弁当』(池田書店)、『家庭料理がかんたん! 保存容器だけでレンチン「おハコ」レシピ』(青春出版社)、『親が喜ぶごはんを冷凍で作りましょう』(主婦の友社)など著書や監修書籍も多数。

ひとり暮らしの自炊の本
はじめての料理でも、失敗しないコツ教えます

2024年2月29日　第1刷発行
2024年5月10日　第2刷発行

編　者　主婦の友社
発行者　平野健一
発行所　株式会社主婦の友社
　　　　〒114-0021
　　　　東京都品川区上大崎3-1-1 目黒セントラルスクエア
　　　　電話　03-5280-7537(内容・不良品等のお問い合わせ)
　　　　　　　049-259-1236(販売)
印刷所　大日本印刷株式会社

Staff

装丁／小口翔平＋須貝美咲(tobufune)
本文デザイン／大薮胤美、武田紗和(フレーズ)、
　　　　　　　　水島安佐美
撮影／主婦の友社
イラスト／なかきはらあきこ
スタイリング／ダンノマリコ、河野亜紀、伊藤みき
熱量計算／新 友歩、伏島京子
構成・文／秋山香織
編集担当／町野慶美、宮川知子(主婦の友社)

©Shufunotomo Co., Ltd. 2024 Printed in Japan
ISBN978-4-07-456622-8

■本のご注文は、お近くの書店または主婦の友社コールセンター(電話0120-916-892)まで。
＊お問い合わせ受付時間　月〜金(祝日を除く)　10：00〜16：00
＊個人のお客さまからのよくある質問をご案内しております。